北京大學《儒藏》編纂與研究中心 編

《儒藏》精華編選刊

述學

〔清〕汪中 撰
趙伯雄 校點

北京大學出版社
PEKING UNIVERSITY PRESS

圖書在版編目 (CIP) 數據

述學 / (清) 汪中撰 ; 北京大學《儒藏》編纂與研究中心編 . —— 北京 : 北京大學出版社 , 2024. 10. —— (《儒藏》精華編選刊). —— ISBN 978-7-301-35578-7

Ⅰ. Z126.274.9

中國國家版本館 CIP 數據核字第 20244UM815 號

書　　名	述學 SHUXUE
著作責任者	〔清〕汪中　撰 趙伯雄　校點 北京大學《儒藏》編纂與研究中心　編
策劃統籌	馬辛民
責任編輯	魏奕元
標準書號	ISBN 978-7-301-35578-7
出版發行	北京大學出版社
地　　址	北京市海淀區成府路 205 號　100871
網　　址	http://www.pup.cn　　新浪微博 : @ 北京大學出版社
電子郵箱	編輯部 dj@pup.cn　　總編室 zpup@pup.cn
電　　話	郵購部 010-62752015　發行部 010-62750672 編輯部 010-62756449
印 刷 者	三河市北燕印裝有限公司
經 銷 者	新華書店 650 毫米 ×980 毫米　16 開本　12.25 印張　135 千字 2024 年 10 月第 1 版　2024 年 10 月第 1 次印刷
定　　價	49.00 元

目録

校點説明

汪中（一七四四—一七九四），字容甫，江都（今江蘇揚州）人。汪中七歲而孤，家甚貧寒，無力就外傅，其母鄒氏爲之開蒙。稍長，到書店裏做幫工，得以遍讀經史百家之書。汪中性極聰敏，過目成誦，加以勤奮，因此學問大進。年二十，成秀才。後得到著名學者杭世駿、鄭虎文、朱筠、盧文弨等人的賞識，名聲漸顯。二十五歲時，參加江蘇鄉試，落第而歸。此事對汪中打擊甚大，據説因此而患「怔忡」之症。乾隆四十二年（一七七七），爲拔貢生，頗受提學謝墉推重，謝墉每對人言：「予之先容甫，以爵也。若以學，則予於容甫當北面矣！」但汪中並不曾赴京參加會試。終其一生，落拓不得志，只做過畢沅等人的幕僚。晚年曾主持文宗閣《四庫全書》的校勘。乾隆五十九年，病故於浙江杭州，享年五十一歲。

汪中性格孤介高傲，不合流俗，對當時學者文人，不輕許可，而且「好嫚罵人」，時人多以「狂生」目之。但他的摯友如盧文弨、孫志祖等，卻説他「君實不狂，而衆曰狂。皮裏春秋，涇渭分明」，「世奉尊耆，君實唾棄。海内正人，備載簡記」，看來是一個是非分明、嫉惡如仇、絶不肯趨炎附勢的人。

汪中早年以詩文辭章顯名，所作《哀鹽船文》，被人廣爲傳誦，杭世駿至以爲「驚心動魄，一字千金」。中年以後，專心致力於經傳子史之學，與李惇、王念孫、劉台拱等相互討論，所獲成就甚大。汪中治《尚書》，有《尚書考異》；治《禮》，有《儀禮校本》《大戴禮記校本》；治《春秋》，有《春秋述義》；治小學，有《爾雅校本》及《小學説文求端》。汪中推尊前輩六大儒者，認爲清朝古學之興，肇端於顧炎武；辨析河圖洛書之妄，歸功於胡渭；闡明中西推步之術，至梅文鼎而精；揭發《尚書》古文之僞，至閻若璩而定；漢代《周易》之學，至惠棟而明。這些都屬於千年不傳之絶學，而戴震則是集其大成者。汪中在給畢沅的信中説：「中少日問學，實私淑諸顧寧人處士，故嘗推六經之旨，以合于世用。及爲考古之學，惟實事求是，不尚墨守。」從這些議論中，不難看出汪中學術的取向。

汪中在學術上的見解與貢獻，集中體現在《述學》一書之中。《述學》六卷，收文一百餘篇。數量雖然不多，但在當時人看來，文章多有功於經義，「使後之治經者，振煩祛惑，而得其會通」，「攷證之文，皆確有依據，可以傳之將來」（王念孫語）。以今人之立場觀之，《述學》的學術價值亦非同尋常，其中的許多篇文章，對今日之文史研究，均極有裨益。例如《釋三九》一文，辨古人語言之虛實，給讀古書者以啓發。《明堂通釋》一文，考證經書中關於明堂的制度，信而有徵。汪中不喜宋學，撰《講學釋義》《大學平義》，糾彈宋元以來理學諸儒之謬。對《左傳》《周禮》，他有深湛之研究。撰《左氏春秋釋疑》，爲《左傳》記載所謂「怪力亂神」辯誣，以爲左氏雖記天道鬼神，並不輕廢人事。撰《周官徵文》，以《逸周書》《漢書・藝文志》《禮記》《大戴禮記》《詩經》等材料，證《周禮》所記確有西周「王朝之政典」，故《周禮》當爲儒家經典無疑。汪中對經義的解釋，往往較一般俗儒爲通達。例如在《釋媒氏文》中，指出《周禮》之所以主張「其有三十不取、二十不嫁，雖有奔者，不禁焉」，並非「教民淫」，而是「著之令以恥其民，使及時嫁子取婦也」。在《女子許嫁而壻死從死及守志議》中，汪中力辨女子許嫁未婚而壻死，女子即爲未婚夫守寡或從死之爲非禮，同時主張此種情況是完全可以改嫁的。在諸子之學上，汪中的成就更大。他撰《荀卿子通論》，表章荀子傳經之功；撰《墨子序》及《墨子後序》，考證墨子的時代，指出墨子之學與儒者之學，實「相反而相成」，認爲戰國時期的儒墨交攻，只是不同學派的「不相爲謀」而已，「自儒者言之，孔子之尊，固生民以來所未有矣；自墨者言之，則孔子魯之大夫也，而墨子宋之大夫也，其位相埒，其年又相近，其操術不同，而立言務以求勝，此在諸子百家，莫不如是」。這樣的議論，在今日看來，頗覺客觀平正。汪中於金石學及法書碑帖之學亦有造詣，集中《石鼓文證》《修禊敘跋尾》等均爲確然有見之文。

「述學」這個書名，汪中最初可能是要用在一部專門著作上的。據其子喜孫所作年譜，乾隆四十四年，汪中擬撰《述學》一書：「是時先君撰《述學》一書，博考先秦古籍、三代以上學制廢興，使知古人之所以爲學者。凡虞夏第一、周禮之制第二、列國第三、孔門第四、七十子後學者第五；又列通論、釋經、舊聞、典籍、數典、世官目録凡六。」看來此書應當是專門考證先秦學制的，只是不知是什麽緣故，此書並未完成，於是汪中「更取平日考古之學及所論撰之文，爲《述學》内外篇」。也就是説，把本來是專著之名的「述學」變成文集之名了。

汪中生前曾手定《述學》内篇的目録，初刻爲三卷本。據其子汪喜孫説，汪中寫定的内篇目録中，有幾篇爲初刻本所未録。嘉慶三年（一七九八），阮元刻《小琅嬛仙館敘録書》，收入《述學》，編爲二卷，此即人所謂二卷大字本。嗣後汪喜孫續加增補，分爲内篇三卷、外篇一卷、補遺一卷、別録一卷，凡六卷，於道光三年（一八二三）精刊於世，是爲家刻楷體小字本。此本後來又併入《江都汪氏叢書》中，《四部叢刊》就是據此本影印的（民國十一年〔一九二二〕上海商務印書館再版影印時略有挖改）。光緒元年（一八七五），伍崇曜據此六卷本重刻，收入《粤雅堂叢書》中。民國十四年，陳乃乾、秦更年等於南陵徐（乃昌）氏積學齋借得《汪氏叢書》家刻本，又搜集了汪氏父子另外六種著作，附上方濬頤的校勘記，集合影印，即爲今日習見之《重印江都汪氏叢書》。

此次校點，就是以《四部叢刊》初印本爲底本，取《粤雅堂叢書》本、《重印江都汪氏叢書》本以爲參校。底本卷首原有王念孫敘，書後附録有王引之所撰《行狀》及盧文弨所撰《祭文》，卷尾還有汪喜孫的題識，備載汪中當日所擬《述學》内篇目録及手寫文稿目録，並記述喜孫編輯《補遺》以及《別録》之原委，最末附以汪中所撰《春秋述義》，今均予保留。王敘原無標題，今擬補。底本書前原無目録，今依照書中各篇次序，新編目録置於卷首。

校點者　趙伯雄

述學敘

《述學》者，亡友汪容甫中之所作也。余與容甫交垂四十年，以古學相厎厲。余爲訓詁、文字、聲音之學，而容甫討論經史，榷然疏發，挈其綱維；余拙於文詞，而容甫澹雅之才，跨越近代。每自媿所學不若容甫之大也。宦游京師，索居多感，婁欲南歸，與故人講習，志未及遂，而容甫以病歾矣。常憶容甫，才卓識高，片言隻字，皆當爲世寶之，欲求其遺書而未果。歲在甲戌，其子喜孫應禮部試，以其父所譔《述學》已刻未刻者，凡厶十厶篇，索敘於余。余曰：「此我之志也。」

自元明以來，説經者多病鑿空，而矯其失者，又蹈株守之陋；爲文者盧襲歐、曾、王、蘇之迹，而志乎古者，又貌爲奇傀，而俞失其真。今讀《述學》内外篇，可謂卓爾不群矣。其有功經義者，則有若《釋三九》《婦人無主荅問》《女子許嫁而壻死從死及守志議》《居喪釋服解義》《春秋述義》，使後之治經者，振煩祛惑，而得其會通；其表章經傳及先儒者，則有若《周官徵文》《左氏春秋釋疑》《荀卿子通論》《賈誼新書敘》，使學者篤信古人，而息其畔喭之習。其它攷證之文，皆確有依據，可以傳之將來。至其爲文，則合漢魏晉宋作者，而鑄成一家之言，淵雅醇茂，無意摹放，而神與之合，蓋宋以後無此作手矣。當世所最稱頌者，《哀鹽船文》《廣陵對》《黄鶴樓銘》，而它篇亦皆稱此。蓋其貫穿於經史諸子之書，而流衍於豪素，揆厥所元，抑亦醖釀者厚矣。若其爲人，孝於親，篤於朋友，疾惡如風，而樂道人善，蓋出於天性使然，視世之習孰時務而依阿澳涊者，何如也！直諒多聞，古之益友，其容甫之謂與？

余因容甫之子之求，而輒述容甫之學，與其文之絶世、人之天性過人者，綴於卷末，以俟後之爲儒林傳者，有所稽而采焉。嘉慶二十年歲在乙亥正月之七日，高郵王念孫敘，時年七十有二。

述學　内篇一

江都汪中撰

釋曟曑二文

東方七宿，最明大者莫如心；西方七宿，最明大者莫如曑。故古人多用之以紀時令。《夏小正》「五月初昏大火中」，「八月辰則伏」，《詩》「七月流火」，《春秋傳》「凡土功火見而致用」，「火中寒暑乃退」，「火出而畢賦」，「火出於夏爲三月，於商爲四月，於周爲五月」，「火伏而後蟄者畢」，「火猶西流」，《國語》「火朝覿矣」，「火見而清風戒寒」，「火之初見，期於司里」，此以心爲紀者也。《夏小正》「三月初昏曑中」，「三月曑則伏」，「五月曑則見」，「八月曑中則旦」，《詩》「惟曑與昴」，「三星在天」，毛傳義。此以曑爲紀也。於文曑从晶。大火爲大曟，曟亦从晶，並象三星之形，而曐即从之。故知曟、曑之用，該乎列宿矣。

釋闕

天子、諸侯宫城皆四周，闢其南爲門，城至此而闕，故謂之闕。《春秋》僖公二十一年《傳》「鄭伯享王於闕西辟」、❶《太傅禮・保傅篇》「過闕則下」是也。亦謂之闕門，《穀梁》桓公三年《傳》「諸母不出闕門」、《史記・魏世家》「臣在闕門之外」是也。庫門在外，路門在内，居二門之中，亦謂之中闕。《扁鵲倉公傳》「出見扁鵲於中闕」是也。其異名，《魯周公世家》「煬公築茅徐廣曰：一作弟，一作夷。闕門」，《秦本紀》「孝公築冀闕」、《戰國策》「摩燕烏集闕」是也。闕巍然而高，故謂之巍闕，《莊子・天下》篇「心居乎巍闕之下」是也。正月之吉，縣治象、教象、政象、刑象之法於此，故謂之象魏，《周官・冢宰》《大司徒》《大司馬》《大司寇》職文，《春秋》哀公三年《傳》「立於象魏之外」是也。使萬民觀象，故謂之觀，《禮運》「出游於觀之上」、《爾雅・釋宮》「觀謂之闕」是也。觀有臺，故謂之觀臺，《春秋》僖公五年《傳》「遂登觀臺以望」是也。即門爲臺，故謂之臺門，《禮器》「天子諸侯臺門」是也。亦謂之門臺，《春秋》定公三年《傳》「邾子在門臺」是也。觀有左右，故謂之兩觀，《春秋》定公二年《傳》「兩觀災」是也。𦥑象門闕及兩觀相對形。許氏存其文，而失其義。《公羊》定公十二年《傳》何休注：「天子周城，諸侯軒城。軒城者，闕南面以受過也。」又《説文》：「闕，門觀也。」「缺，缺也。古者城闕其南方，謂之缺。从𦥑、缺省。」中按：缺，古文闕，从夬得聲。因誤解缺義，生此謬説。在宮之南，故謂之南門，《顧命》「逆子釗於南門之外」、《盛德記》「揖朝出其南門」是也。亦謂之大門，《司儀》「車迎拜辱出大門」、《公食大夫禮》「賓朝服即位於大門外」、《曲禮》「車馳而騶至於大門」是也。亦謂之宮門，《閽人職》「喪紀之事蹕宮門」是也。亦謂之公門，《曲禮》「大夫士

❶ 文見莊公二十一年《傳》。

下公門」、《鄉黨》「入公門」是也。亦謂之中門，與中闕同義，《閽人職》「掌守王宮之中門之禁」是也。室中度以几，堂上度以筵，宮中度以尋，野度以步，涂度以軌，惟城度以雉。故王宮門阿之制五雉，宮隅之制七雉，城隅之制九雉。城之度以雉，由宮城始，故宮城之門謂之雉門，《春秋》定公二年《傳》「雉門災」、《明堂位》「雉門天子應門」是也。十有六者，異名而同實。

釋三九上

一奇二偶，一二不可以爲數，二乘一則爲三，故三者數之成也。積而至十，則復歸於一，十不可以爲數，故九者數之終也。於是先王之制禮，凡一二之所不能盡者，則以三爲之節，三加、三推之屬是也。三之所不能盡者，則以九爲之節，九章、九命之屬是也。此制度之實數也。因而生人之措辭，凡一二之所不能盡者，則約之三，以見其多；三之所不能盡者，則約之九，以見其極多，此言語之虛數也。實數可稽也，虛數不可執也。何以知其然也？《易》「近利市三倍」，《詩》「如賈三倍」，《論語》「焉往而不三黜」，《春秋傳》「三折肱爲良醫」，《楚辭》作「九折肱」。此不必限以三也。《論語》「季文子三思而後行」，雌雉「三嗅而作」，《孟子》書陳仲子食李三咽，此不可知其爲三也。《論語》子文三仕三已，《史記》管仲「三仕三見逐於君」「三戰三走」，田忌「三戰三勝」，范蠡「三致千金」，此不必其果爲三也。故知三者虛數也。《楚辭》「雖九死其猶未悔」，此不能有九也。《詩》「九十其儀」，《史記》

「若九牛之亡一毛」，❶又「腸一日而九迴」，此不必限以九也。《孫子》「善守者藏於九地之下，善攻者動於九天之上」，此不可以言九也。故知九者虚數也。推之十百千萬，固亦如此。故學古者通其語言，則不膠其文字矣。

釋三九中

古之名物制度，不與今同也。古之語，不與今同也。故古之事，不可盡知也。若其辭則又有二焉：曰曲，曰形容。何以知其然也？《曲禮》「歲凶，年穀不登，膳不祭肺」，禮，食殺牲則祭先，周人以肺，不祭肺，則不殺也。鄭義。然不云「不殺」，而云「不祭肺」。《坊記》「大夫不坐羊，士不坐犬」，古者殺牲，食其肉，坐其皮。不坐犬、羊，是不無故殺之。鄭義。然不云不無故殺之，而云「不坐犬羊」。《春秋傳》「衛懿公好鶴，鶴有乘軒者」，鶴無樂乎軒，好鶴者不求其行遠，謂以卿之秩寵之，以卿之禄食之也，故曰「鶴實有禄位」。然不云視卿，而云「乘軒」。《論語》孔子見冕者，「雖狎必以貌」。冕非常服，當其行禮夫人而以貌也，惟卿有玄冕，云冕者，斥其人也，謂上大夫也。然不云上大夫，而云「冕者」，此辭之曲者也。《禮器》《雜記》「晏平仲祀其先人，豚肩不揜豆」，豚實於俎，不實於豆。豆徑尺，併豚兩肩，無容不揜，此言乎其儉也。本鄭義。《樂記》「武王克商，未及下車，而封黄帝堯舜之後」，大封必

❶「史記」，當作「漢書」。

於廟，因祭策命，不可於車上行之。此言乎以是爲先務也。《詩》「嵩高維嶽，峻極於天」，此言乎其高也。本劉勰義。此辭之形容者也。周人尚文，君子之於言，不徑而致也，是以有曲焉；辭不過其意則不鬯，是以有形容焉。名物制度可考也，語可通也。至於二者，非好學深思，莫知其意焉。故學古者，知其意則不疑其語言矣。

釋三九下

孔子曰：「父在觀其志，父没觀其行。三年無改於父之道，可謂孝矣。」三年者，言其久也。何以不改也？爲其爲道也。若其非道，雖朝没而夕改可也。何以知其然也？昔者鯀堙洪水，汩陳其五行，彝倫攸斁，天乃不畀洪範九疇，鯀則殛死；禹乃嗣興，彝倫攸敘，天乃畀禹洪範九疇。蔡叔啓商，惎間王室，其子蔡仲改行帥德，周公以爲卿士，見諸王而命之以蔡，此改乎其父者也。不寧惟是。虞舜側微，父頑母嚚象傲，克諧以孝烝烝，乂不格姦。祗載見瞽瞍，夔夔齊栗，瞽瞍亦允若。曾子曰：「君子之所謂孝者，先意承志，諭父母於道。」此父在而改於其子者也，是非以不改爲孝也。然則何以不改也？爲其爲道也。三年云者，雖終其身可也。自斯義不明，而後章惇、高拱之邪説出矣。

明堂通釋

明堂有六：一宗周，二東都，三路寢，四方岳之下，五太學，六魯大廟。

《逸周書・明堂》篇：「周公相武王以伐紂，夷定天下。既克紂，六年，而武王崩，成王嗣，幼弱，未能踐天子之位。周公攝政君天下，弭亂六年，而天下大治。乃會方國諸侯於宗周，大朝諸侯於明堂之位。天子之位，負斧扆南面立，公卿士侍於左右。三公之位，中階之前，北面東上。諸侯之位，阼階之東，西面北上。諸伯之位，西階之西，東面北上。諸子之位，門内之東，北面東上。諸男之國，門内之西，北面東上。九夷之國，東門之外，西面北上。八蠻之國，南門之外，北面東上。六戎之國，西門之外，東面南上。五狄之國，北門之外，南面東上。四塞九采之國，世告至者，應門之外，北面東上。此宗周明堂之位也。明堂，明諸侯之尊卑也，故周公建焉，而明諸侯於明堂之位。制禮作樂，頒度量，而天下大服，萬國各致其方賄。七年，致政於成王。」周公既行斯禮，太史遂記其事，以爲禮書，今在《覲禮》，曰：「諸侯覲於天子，爲宫方三百步，四門，壇十有二尋，深四尺，加方明於其上。方明者，木也，方四尺，設六色：東方青，南方赤，西方白，北方黑，上玄，下黄。設六玉：上圭，下璧，南方璋，西方琥，北方璜，東方圭。上介皆奉其君之旂，置於宫，尚左。公侯伯子男皆就其旂而立。四傳擯。天子乘龍，載大旂，象日月、升龍、降龍。出，拜日於東門之外，反祀方明。禮日於南門外，禮月與四瀆於北門外，禮山川丘陵於西門外。」於時有位於朝者，各以其職與執事焉。《周官》載之，以爲一代之典。其在《司儀》者，曰：「將合諸侯，則令爲壇三成，宫，旁一門。詔王儀，南鄉見諸侯，土揖庶姓，時揖異姓，天揖同姓。及其擯之，各以其等，公於上等，侯伯於中等，子男於下等。其將幣亦如之，其禮亦如之。」其在《掌次》者，曰：「朝日、祀五帝，則張大次、小次，設重帟、重案。合諸侯亦如之。」其在《掌舍》者，曰：「掌王之會同之舍。爲壇壝宮，棘門。」其在《大宗伯》者，曰：「以玉作六器，以禮天地四方。以蒼璧禮天，以黄琮禮地，以青圭禮東方，以赤璋禮南方，以白琥禮西方，以玄璜禮北方。皆有牲幣，各放其器之色。」皆謂是禮，所謂君作故也。

周公既朝諸侯，遂率之以祀文王於明堂，以配上帝，而作詩曰：「我將我享，惟羊惟牛。惟天其右之。儀式刑文王之典，日靖四方。伊嘏文王，既右享之。我其夙夜，畏天之威，于時保之。」國史爲之序曰：「《我將》，祀文王於明堂也。」古者天子即位，朝諸侯，禮百神，具有其事。故《堯典》：「正月上日，受終於文祖，在璿機玉衡，以齊七政。肆類於上帝，禋於六宗，望於山川，徧於群神。輯五瑞，既月乃日，覲四岳群牧，頒瑞於群后。」《伊訓》：「惟太甲元年十有二月乙丑朔，伊尹祀於先王，誕資有牧方明。」二文與《覲禮》正合，知明堂爲古禮。周公監於前代，而舉此至大之禮，因是而制爲會同，以發四方之禁，施天下之政。習禮者傳釋其文，以爲朝事義。而魯之儒者，又因《周書》之舊而增飾之，爲《明堂位》篇，以表周公之功。然有虞氏郊堯，夏后氏郊鯀，商人郊冥，代爲一帝。周公以后稷肇封有斄，思文之德，克配彼天，而文王受命稱王，爲周太祖，祭之宗廟，以鬼享之，不足以稱其德。于是協之於義，制爲明堂配帝之禮，然後尊親之道備焉。故孔子曰「孝莫大於嚴父，嚴父莫大於配天」，則周公其人也。昔者周公郊祀后稷以配天，宗祀文王於明堂，以配上帝，是以四海之内，各以其職來祭，斯之謂矣。祀方明以禮天地四方之神，故《尚書大傳》曰：六宗，天地四方也，「萬物非天不覆，非地不載，非春不生，非夏不長，非秋不收，非冬不藏」，皆有功於民，故尊而祀之。六宗之祀，與文王同地，故曰宗祀。四海九州之君咸在，國中不足以容之，故爲壇於郊。淳于登以爲「三里之外、七里之内」是也。堂有二名，有宫室之堂，有壇壝之堂。《説文》「臺」從土高省。《金縢》「爲三壇同墠」，馬融注：「壇，土堂。」《楚辭》「南房小壇，觀絶霤只」，王逸注：「壇猶堂也。」故爲壇於郊，得稱曰堂。《大傳禮・四代》篇：「天子盛服，朝日於東堂。」日不可禮於堂，亦謂東郊之壇也。以其無屋，故不曰當楣、當序端、當東西榮，而曰阼階之東、西階之西；以其爲壇壝宫，故有四門，有中階，不與寢廟同制。其曰應門，亦棘門也。天子歲即其地以祀五帝。《周官・大宗伯》「兆五帝於四郊」，五帝與上帝爲通語。故《大宗伯》「國有大故，則旅上帝」注：「上帝，五帝也。」《王制》「天子將出類於上帝」注：「謂五帝之帝，所祭於南郊者。」五帝分祭於四郊，而以南郊爲尊。故孟夏大雩，季秋大享，皆在南郊。降及秦漢之畤，異名同制，猶封土爲之。《説文》：「畤，天地五帝所基址祭地。」天子又月即其地聽朔。《玉藻》：「天子玄端，而聽朔於南門之外。」注：「端」當作「冕」。南門者，國門也，其外則明堂。古者禮行於廟。禮莫大於王事，故天子適諸侯，必舍其祖廟。諸侯聽朔，必於大廟。天子、諸侯皆受國於祖，周之祖爲文王，而明堂則文王配帝之所，視大廟尤重。故天子聽朔不於廟，於明堂，以明文王受命於天，始改正朔，以頒邦國，後世莫敢外焉。故《春秋》書「春王正月」，《左氏》增成其義，曰「春王周正月」；而《公羊》爲之説曰：「王者孰謂？謂文王也。」是七十子所傳之大義，不可誣矣。此宗周之明堂，其地在郊，其制爲壇三百步，其深四尺，旁各一門，爲周公攝政六年，大朝諸侯，宗祀文王以配上帝之所。

《逸周書・作雒》篇：周公「將致政，乃作大邑成周於土中。城方千七百二十丈，郛方七十里。南繫於洛水，北因於郟山，以爲天下之大湊。乃設丘兆於南郊，以祀上帝，配以后稷。乃位五宮：大廟、宗宮、考宮、路寢、明堂。咸有四阿、反坫。重亢，重郎，常累，復格，藻棁，設移，旅楹，惷常，畫。內階、玄階，堤唐，山廧，應門、庫臺玄閫」。此東都之明堂也。《匠人》載其制曰：「周人明堂，度九尺之筵，東西九筵，南北七筵，堂崇一筵，五室，凡室二筵。」古之室，皆分堂之後爲之，有堂無室則曰榭，未有置室於堂之中央及四隅者。凡室二筵，此言乎南北之修也。以九筵之地，界爲五室，室得一筵有十分筵之八可知，故不言廣。中爲大室，東爲東房，西爲西房。又東爲東夾，又西爲西夾。夾室之南，謂之東堂、西堂。五宮皆同此制。宗周之大廟、路寢亦如之，其別於他宮室者，四阿、反坫之屬，及夾室東西堂耳。故見於《洛誥》者曰「大室」，見於《顧命》者曰「牖閒」，曰「西序」，曰「東序」，曰「西夾」，曰「西房」，曰「東房」，曰「東堂」，曰「西堂」，此有周君臣喪祭所親歷之地，當日大史載事之明文。後之君子，舍是將何徵哉！

東都之明堂，亦謂之清廟。故《大戴記·盛德》篇：❶「或以爲明堂者，文王廟也。」又云明堂「以茅蓋屋」。而《春秋傳》云「清廟茅屋」，蔡邕《明堂論》引《檀弓》「王齊禘於清廟明堂」，古《周禮》《孝經説》以明堂爲文王廟，皆其證也。《周書·洛誥》正言作洛事，而曰：「戊辰，王在新邑，烝，祭歲。」「周公曰：今王即命，曰記功宗，以功作元祀。」按司勳之職，凡有功者，祭於大烝。故孔悝鼎銘：「勤大命施

---

❶ 按以下《盛德》篇二引文均在今本《大戴禮記·明堂》篇。

于烝彝鼎。」然則《洛誥》所言，正功臣從享大廟之禮。而《周書・大匡》篇云：「勇知害上，則不登於明堂。」據篇首，此篇之作在武王十三祀，其時未有明堂，蓋古有明堂之稱，故《素問》云：黄帝坐明堂之上。晉狼瞫引以爲未獲死所之證，明乎清廟之與明堂爲一地也。周公既祀文王於明堂，又營清廟於東都，以其同爲祀文王之地，故亦曰明堂。周公於東都之祀文王，作詩曰：「於穆清廟，肅雝顯相。濟濟多士，秉文之德，對越在天。駿奔走在廟，不顯不承，無射於人斯。」國史爲之序曰：「《清廟》，祀文王也。周公既成洛邑，朝諸侯，率以祀文王焉。」凡特立廟，皆異其名，故姜嫄曰閟宫，文王曰清廟，以其禮爲先王所未有，故曰「王肇稱殷禮，祀於新邑，咸秩無文」。古之爲政於天下者，莫重乎率諸侯以祀其先祖。故《逸周書・世俘》篇「惟四月既旁生霸，粤六日庚戌，武王燎於周廟」。「翼日辛亥，祀於天位。粤五日乙卯，乃以庶國祀馘於周廟。」《漢書・律曆志》亦引此，注以爲今文《尚書》，非也。《樂記》「祀乎明堂而民知孝」，即指此事。曰明堂者，後人之通語。是爲武王克商有天下之事。宗周明堂之位，是爲周公攝政致太平之事。洛邑之祀，是爲成王即政營東都以朝諸侯之事。三者國之大經也，天神不可措之廟，故宗周之明堂，壇而不屋。廟不可享於野，故洛邑之明堂在國中。《尸子・君治篇》「明堂在左，謂之東宫」，是其地也。古者爲宫室都邑，皆取法乎天，心三星在赤道南，中曰明堂，宗周明堂所象也。明堂三星，在大微宫西南角外，東都明堂所象也。經始於周公致政之後，故曰「朕復子明辟」，曰「周公誕保文武受命惟七年」。

天子之路寢謂之明堂者，《玉藻》：「朝，君日出而視之，退適路寢聽政。」月朔既視朔於明堂，以其一月之政聽之路寢，是以得稱明堂。逸《禮》「王居明堂」是也。與東都之明堂同制，是以得稱明堂，

《盛德》篇説明堂「此天子之路寢也，❶不齊不居其室」是也。《周官・大史》「閏月，則詔王居門終月」，謂路寢之門也。不於朝，於門，所以見其爲餘月也。謂之曰「居」，是聽政之通名，非寢宿之恆處也。

方岳之下有明堂者，《孟子・梁惠王》篇：「齊宣王問曰：『人皆謂我毁明堂。』孟子對曰：『夫明堂者，王者之堂也。』」《史記・封禪書》：「泰山東北址，古時有明堂處。」其制會盟則爲壇，文在《司儀》《掌舍》，王所居則爲宫。《春秋傳》「王巡虢守，虢公爲王宫於玤」，「晉侯爲王宫於踐土」，猶存其禮。《荀子・彊國篇》「爲之築明堂於塞外而朝諸侯」，亦斯意也。

辟雝之堂謂之明堂者，蔡邕《明堂論》引《禮記・大學志》：「禮，士大夫學於聖人，善人祭於明堂，其無位者祭於大學。」魏文侯《孝經傳》曰：「大學者，中學明堂之位也。」《禮記・昭穆》篇：《詩・靈臺》正義引作「政穆」。「大學，明堂之東序也。」《盛德》篇：「明堂其外，水環之，曰辟雝。」❷《封禪書》：「天子曰明堂辟雝，諸侯曰泮宫。」《白虎通》：「禮三老於明堂，以教諸侯孝也。禮五更於大學，以教諸侯弟也。」此則起於周衰禮廢，名實相淆，學者各記所聞，遂成異義。然既有其名，不可没也。

魯大廟爲明堂者，《小戴記・明堂位》：「大廟，天子明堂。山節，藻棁，復廟，重檐，刮楹，達鄉，反坫出尊，崇坫康圭，疏屏，天子之廟飾也。」成王以周公爲有勳勞於天下，命魯公世世祀以天子之禮樂，

---

❶「盛德篇」，據今本《大戴禮記》，當作「明堂篇」。

❷ 今本《大戴禮記・盛德》篇無此語，《明堂》篇中有意近之文句。

故周公之廟，其制得如明堂。記曰：「季夏六月，以禘禮祀周公，升歌《清廟》。」蔡邕以爲取周《清廟》之歌，歌於魯大廟，明魯之大廟，猶周之清廟是也。即經典之正文，以考六者之制，皆事辭明白可据，而後百家之異説，可得而辨矣。

《考工・匠人職》：「夏后氏世室，堂修二七，廣四修一，五室，三四步，四三尺，九階，四旁兩夾，窗，白盛，門堂三之二，室三之一。殷人重屋，堂修七尋，堂崇三尺，四阿，重屋。」此之制度，鄭、賈俱望文解義，粗明其端，其詳要不可得聞。何者？三代相因，遞有損益，夏殷權量，既不能知，宫室之制，更無他文可證。學非尼父，時異東周，其于文獻無徵之事，闕疑焉可也。周之五室，蓋創始於夏后，四阿、反坫、重亢、重郎，或寫仿於有殷，其他則未嘗相襲。故鄭注云：「此三者，或舉王寢，或舉明堂，互言之以明其同制。」賈云：「謂當代王者其制同，非謂三代制同也。」其言覈矣。《盛德》篇采集禮説，❶具有瑕瑜不掩之忠，其云一室而有四户八窗三十六户七十二牖，則因世室之制而誤；其云上圓下方，則因重屋之制而誤。而《白虎通》、蔡邕《明堂論》並沿其説，謬學流傳，固與昆侖之圖、蒿宫之柱，同其闕大矣。《吕氏春秋》十二紀，孟春之月，天子居青陽左个；仲春之月，天子居青陽大廟；季春之月，天子居青陽右个；孟夏之月，天子居明堂左个；仲夏之月，天子居明堂大廟；季夏之月，天子居明堂右个，中央土，天子居大廟大室；孟秋之月，天子居總章左个；仲秋之月，天子居總章大廟；季秋之月，

❶ 「盛德篇」，據今本《大戴禮記》，當作「明堂篇」。

天子居總章右个；孟冬之月，天子居玄堂左个；仲冬之月，天子居玄堂大廟；季冬之月，天子居玄堂右个。按《吕不韋傳》稱，不韋使其客人人著所聞，集論以爲八覽、六論、十二紀，二十餘萬言，以爲備天地萬物古今之事。今觀其書，儒墨刑名兼收並蓄，實爲後世類書之祖。此十二紀又見於《淮南·時則訓》，而其文加詳。今不知撰自何人，以中星攷之，乃在周末之世。本《周書·時訓》之舊，兼逸《禮》「明堂」之篇，參以新意，用垂典章。其中先王之制，豈無一二賴以傳者？而明堂制度，最誕妄不經，深可忿疾。《易》曰：「聖人南面而聽天下，嚮明而治，蓋取諸離。」故魏舒南面，衞彪傒知其必有大咎；而孔子之美仲弓，亦曰「可使南面」。今以天子之居，而四時易位，在於三夏，則皆北面而朝其臣，其謬一也。禮文雖闕，然五門、三朝、六寢，猶犂然可攷。今《月令》之明堂，未知建於何所。以爲在郊，則無王者終歲野處之禮；以爲在宫中，則無地容之。鄭氏雖傅之大寢，然按以《周官》諸職之文，實無一合，其謬二也。諸室周回，其狀如井，若不上置衝梯，下開隧道，則更無出入之門，其謬三也。神依於廟，人居於寢，各有攸處，是以不相雜糅。今四正之室，皆曰大廟，以時王聽政之地，冒始祖世祭之宫，雖漢高之祠黑帝，周宣之居天臺，猶不至此，其謬四也。以青陽、總章、玄堂三名，與明堂相配，然則總爲十二室，明堂止居其三，何以得專斯名？其謬五也。其他與周制違異者，不可枚舉，以於明堂無涉，故不具論。

夷攷其文，實爲大一下行九宫之學。故《盛德》篇之二九四七五三六一八，❶即其制作之義。漢世

---

❶ 「盛德篇」，據今本《大戴禮記》，當作「明堂篇」。

謂之「明堂陰陽」，見於《藝文志》及《魏相傳》，建武以後，著爲王禮。司馬彪所編《禮儀志》具載其文。自馬融入之《禮記》，鄭康成爲之作注，後世遂尊爲經，而莫之敢議矣。《魏書·賈思伯傳》載其言曰：「《月令》亦無九室之文。原其制置，不乖五室。其青陽右个，即明堂左个；明堂右个，即總章左个；總章右个，即玄堂左个；玄堂右个，即青陽左个。如此則室猶是五，而布政十二。」此說傅會五室，舉四正而遺四隅。宋人祖之，遂爲《考工》《月令》之調人。曾不知吕氏本爲假設之詞，而自古固未有此制也。《玉藻》正義引《鄭志》説五室之制曰：「水木用事，交於東北；木火用事，交於東南；火土用事，交於中央；金火用事，交於西南；金水用事，交於西北。周人明堂五室，帝一室。」今就其説求之。七筵之堂，大室中踞其二。南北所餘，各得二筵有半。在於大廟，則無以爲朝聘饗食之所；在於路寢，則無以爲聽政合族之地。以其與《顧命》《斯干》《覲禮》不合，從爲之辭，而辭則遁矣。又神祇無廟享之禮，牽合五帝五室之文，猥云每帝一室，求之禮意，尤有所違夫。風雨小祀，猶在於壇，亡國之社，始弇其上。何有天帝大神，而陟降於二筵之室？以鄭氏之學，其於天神、地祇、人鬼之别，豈猶有未了於心者，而忽有斯言，可謂千慮之失。後之俗儒，自謂紹承絶學，而巧爲之説曰：爲壇而祭，故謂之天；祭於屋下，而以神祇事之，故謂之帝。君子於此，將哀矜之不暇，而又何尤焉！議禮之家，古稱聚訟；較其甚者，無若明堂。《禮》曰：「毋勦説，毋雷同，必則古昔，稱先王。」孔子曰：「蓋有不知而作之者，我無是也。多聞擇其善者而從之，多見而識之，知之次也。」竊取其義。以作是篇。

明堂五室二圖

明堂位圖

吕氏春秋明堂圖

考定明堂五室圖

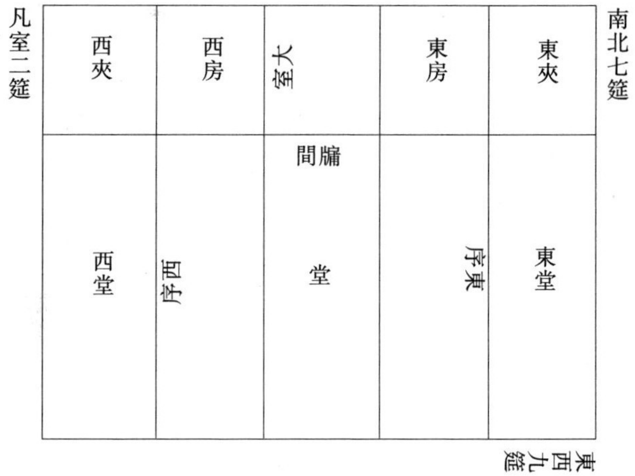

鄭志考工五室之圖

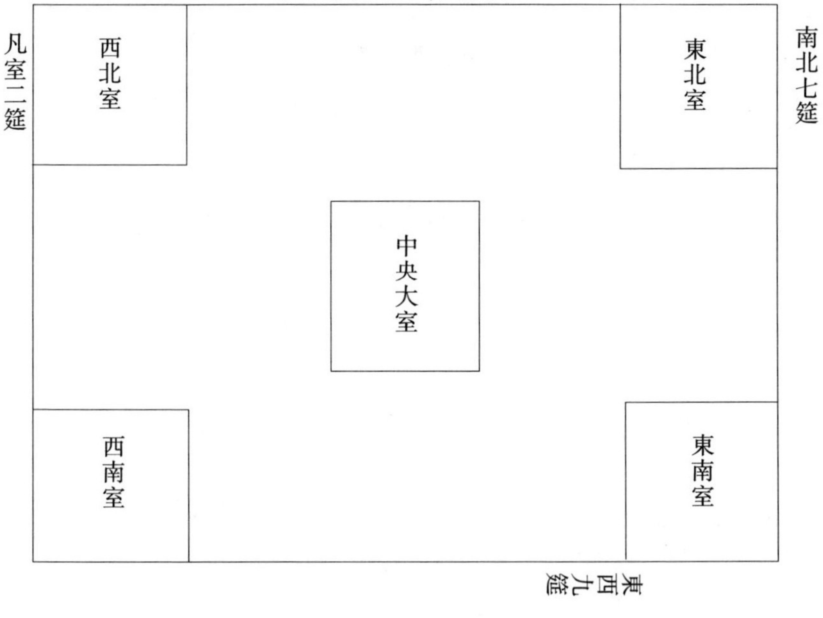

明堂位圖

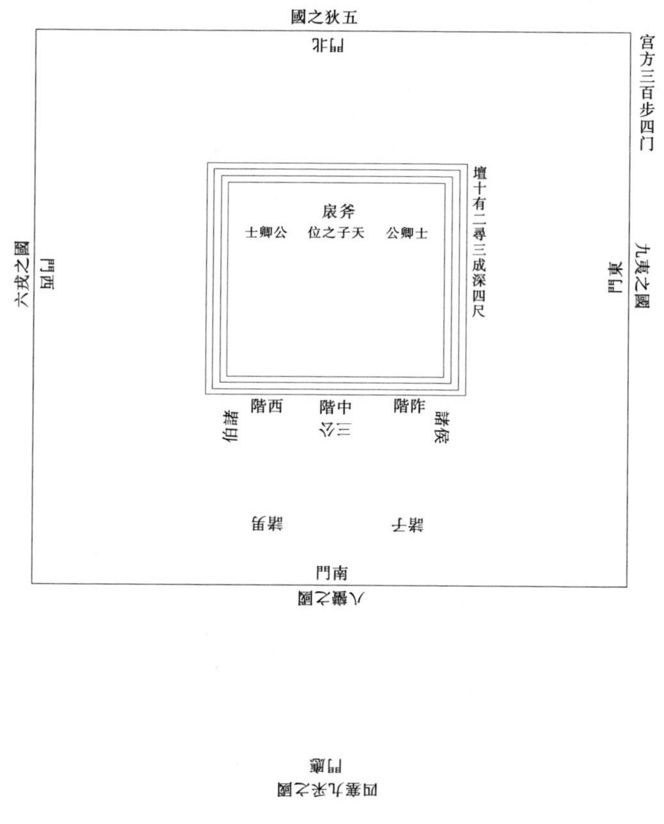
五狄之國
北門
宫方三百步四门
壇十有二尋三成深四尺
斧扆
公卿士
天子之位
公卿士
六戎之國
西門
九夷之國
東門
西階
中階
阼階
三公
諸侯
諸男
諸子
南門
八蠻之國
應門
四塞九采之國

呂氏春秋明堂圖

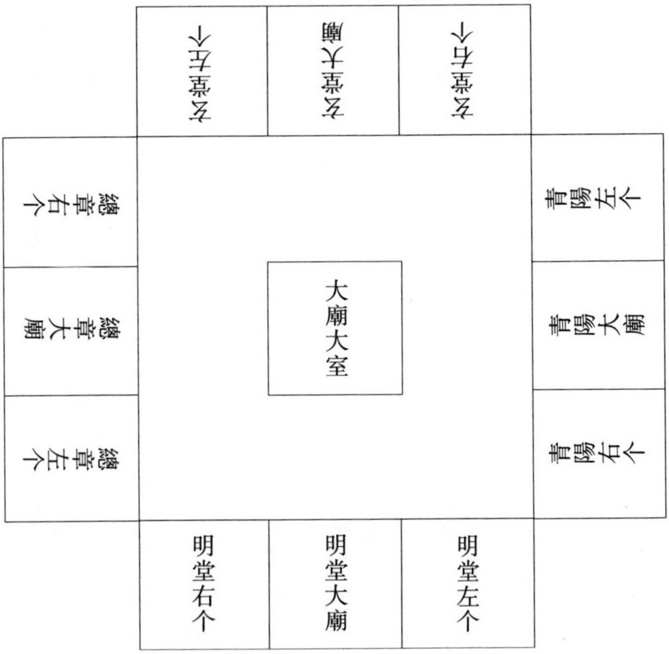
玄堂左个
玄堂大廟
玄堂右个
總章右个
總章大廟
總章左个
大廟大室
青陽左个
青陽大廟
青陽右个
明堂右个
明堂大廟
明堂左个

釋媒氏文

《媒氏》：「中春之月，令會男女。於是時也，奔者不禁。若無故而不用令者，罰之。」會讀若司會，其訓計也。男子二十而冠，有爲人父之道。女子十五許嫁，有適人之道。媒氏「令男三十而取，女二十而嫁」，所謂禮言其極，亦不是過者也。霜降逆女，冰泮殺止，至於中春，則過時矣。凡男女自成名以上，媒氏皆書其年月日名焉。於是時計之，則其年與其人之數，皆可知也。其有三十不取、二十不嫁，雖有奔者，不禁焉。非教民淫也，所以著之令以恥其民，使及時嫁子取婦也。《王居明堂禮》：「孟冬之月，命農畢積聚，繫收牛馬。」《月令》：「仲冬之月，農有不收藏積聚者，馬牛畜獸有放佚者，取之不詰。」非教民盜也，所以著之令以懼其民，使及時收斂也。非徒恥之，抑又罰之。故曰「若無故而不用令者罰之」。令者，媒氏「令男子三十而取、女子二十而嫁」之令也。若其有故，雖不用令可也。《内則》所謂「有故二十三而嫁」是也。《國語》句踐令「女子十七不嫁，其父母有罪；丈夫二十不取，其父母有罪」。句踐罪之，《周官》恥之、罰之，其意一也。周之興也，周南之化，《桃夭》美之；召南之化，《摽有梅》美之。其衰也，晉失其政，《綢繆》刺之；陳失其政，《東門之楊》刺之。昏姻之道，可以觀政焉，先王之所重也。媒氏又「司男女之無夫家者而會之」。會之者，計之也。鰥寡有不能自存者，以告於上，以門關之財養之。

爲人後者爲其曾祖父母祖父母服考

爲人後者爲其本宗之服，經惟載父母，昆弟，昆弟、從父昆弟之長殤，姊妹之適人者，而曾祖父母、祖父母無文。以《記》於兄弟降一等推之，而知其不可行也。此曾祖父母、祖父母，雖不爲之後，猶是正尊，小功，兄弟之服，不可以服其祖，齊衰三月，降則無服。準之經意，其服本服無疑也。持重於大宗，服不二斬，故降其父母。期親無數，並服何嫌？曾祖上殺，益無嫌矣。女子子適人者，爲其父母期，爲曾祖父母、祖父母並不降。《傳》曰：「不敢降其祖也。」斯其例與？

婦人無主荅問

問曰：凡祭，婦人無主，於禮有徵乎？荅曰：謹按《春秋公羊》文公二年《傳》：「虞主用桑。」《檀弓》：「虞而立尸。」《士虞禮記》：「男，男尸；女，女尸。」虞、卒哭、祔、練、祥、禫，皆男女別尸。別尸則別主，虞、卒哭、祔，婦人既有主矣。《公羊傳》：「練主用栗。」注：「期年練祭，埋虞主於兩階之間，易用栗。」祥、禫之祭，婦人猶有尸，而於練不爲作主，斯不然也。埋其虞主，而不作練主，斯又不然也。自練至毁廟惟一主，然則婦人有主明矣。祔禮之見於《雜記》《喪服小記》者，婦祔於祖姑，妾祔於妾祖姑。公子、公孫之爲士大夫者，其妻祔於諸祖姑，亡則皆中一以上而祔。妾無妾祖姑者，易牲而祔於女君。祖姑有三人，則祔於親者。始來仕無廟者，夫卒而祔於其妻。其妻爲大夫而卒，而後其夫不爲大夫，而祔於其妻，則不易牲。妻卒而後夫爲大夫，而祔於其妻，則以大夫牲。苟所祔者無主於廟，則後之虞主於何而祔？婦雖與夫同廟，亦有分祭之禮。故《雜記》：「男子祔於王父則配，女子祔於王母則不配。」若婦人無主，王母何以得專其祭？《穀梁傳》文公二年正義麋信《敘録》：「字南山，東海人，魏樂平太守。」引衞次仲「次」當作「敬」。云：「宗廟主皆用栗，右主八寸，左主七寸，廣厚三寸。祭訖納於西壁埳中，去地一尺六寸。右主謂父，左主謂母。」是可据也。

問曰：吉祭，婦人何以無尸也？答曰：謹按《少牢饋食禮》筮尸之命曰：「孝孫某來日丁亥，用薦歲事於皇祖伯某，以某妃配某氏，以某之某爲尸，尚饗。」是婦人與夫共筮一尸，非無尸也。吉祭雖止男尸，尸既孫行，其體於祖父母則一，斯不必更象以孫婦矣。鄭注《司几筵》云：「雖合葬及同時在殯，皆異几，體實不同。祭於廟中同几，精氣合。」是其義也。中又論之，婦人之尸，必使異姓，不使賤者。若並筮二尸，其爲夫婦，不可必知，交錯室中，於事爲褻。在於禘祫，尤不可行。故援爵謚從夫之義，不立女尸。至於主，則無嫌也。其有異宮，若周祭姜嫄，魯祭仲子，亦必有尸矣。

方苞侍郎家廟不爲婦人作主，以爲禮也，中謹据禮正之如此。

女子許嫁而壻死從死及守志議

女子之嫁，其禮有三：親迎也，同牢也，見舅姑也。若夫納采、問名、納吉、納徵、請期，固六禮與？然是禮所由行也，非禮所由成也。何以知其然也？曾子問曰：「昏禮，既納幣，有吉日，女之父母死，則如之何？」孔子曰：「壻使人弔。如壻之父母死，則女之家亦使人弔。父喪稱父，母喪稱母。父母不在，則稱伯父世母。壻已葬，壻之伯父致命女氏曰：某之子有父母之喪，不得嗣爲兄弟，使某致命。女氏許諾而不敢嫁，禮也。壻免喪，女之父母使人請，壻弗取而後嫁之，禮也。女之父母死，壻亦如之。」由是觀之，請期之後，其可以改嫁者凡四焉，而皆謂之禮。然則納采、問名、納吉、納徵、請期，是禮之所由行也，非禮之所由成也。故曾子問曰：「取女，有吉日而女死，如之何？」孔子曰：「壻齊衰而弔，既葬而除之。夫死亦如之。」曾子問曰：「親迎女在塗，而壻之父母死，如之何？」孔子曰：「女改服，布深衣，縞總，以趨喪。女在塗，而女之父母死，則女反。」於是鄭氏增成其義曰：「未有期三年之恩也。」明乎親迎而後可以喪其舅姑，親迎而後可以出降之服，服其父母也。先王制禮，以是爲不可過也。故女子許嫁而壻死，從而死之，與適壻之家，事其父母，爲之立後而不嫁者，非禮也。

夫婦之禮，人道之始也。子得而妻之，則父母得而婦之。故昏之明日，乃見於舅姑。父得而妻之，則子得而母之。故繼母如母。不爲子之妻者，是不爲舅姑之婦也。不爲父之妻者，是不爲子之母也。故許嫁而壻死，適壻之家，事其父母，爲之立後而不嫁者，非禮也。

禮，女未廟見而死，不遷於祖，不祔於皇姑，壻不杖不菲不次，歸葬於女氏之黨，示未成婦也。今也生不同室，而死則同穴，存爲貞女，没稱先妣，其非禮孰甚焉！婦人内夫家，外父母家。父母，生我者也。夫，成我者也。父母之喪，無貴賤一也。婦人不二斬，故爲夫斬，則爲父母期。未有夫婦之恩，而重爲之服，以降其父母，於壻爲無因，於父母爲不孝，失禮之中，又失禮焉。女之嫁者、爲人後者，並以出降爲父母期。若使非我大宗而强爲之後，是所謂不愛其親而愛他人者也，何以異於是！先王惡人之以死傷生也，故爲之喪禮以節之。其有不勝喪而死者，禮之所不許也。其有以死爲殉者，尤禮之所不許也。雖然，父子之親，君臣之義，夫婦之恩，不可解於心，過而爲之死，君子猶哀之。苟未嘗以身事之，而以身殉之，則不仁矣。女事夫，猶臣事君也。仇牧、荀息，君亡與亡，忠之盛也；其君苟正命而終於寢，雖近臣猶不必死也。若使巖穴之士，未執贄爲臣，號呼而自殺，則亦不得謂之忠臣也，何以異於是哉！

劉台拱曰：「歸太僕曰：『女子未有以身許人之道也。女未嫁而爲其夫死，且不改適，是六禮不備，壻不親迎，比之於奔。』其言婉而篤矣。」中以爲未盡也。事苟非禮，雖有父母之命，夫家之禮，猶不得遂也。是故女子欲之，父母若壻之父母得而止之；父母若壻之父母欲之，邦之有司、鄉之士君子得而止之。周公監於二代，而制爲是禮，孔子述之。意周公、孔子不可非乎，則其禮不可過也。故曰「過猶不及」。

昏姻之禮，成於親迎。後世不知，乃重受聘。以中所見，錢塘袁庶吉士之妹，幼許嫁於高；秀水鄭贊善之婢，幼許嫁於郭。既而二子皆不肖，流蕩轉徙，更十餘年。壻及女之父母，咸願改圖，而二女執志不移。袁嫁數年，備受箠楚，後竟賣之，其兄訟諸官而迎以歸，遂終於家。鄭之婢爲郭所窘，服毒而死。傳曰：「好仁不好學，其蔽也愚。」若二女者，可謂愚矣。本不知禮，而自謂守禮，以隕其生，良可哀也。傳曰：「一與之齊，終身不二。」不謂一受其聘，終身不二也。又曰：「烈女不事二夫。」不謂不聘二夫也。歸太僕曰：「女子在室，惟其父母爲許聘于人，而已無與焉，純乎女道而已。」善夫！

述學　内篇二

江都汪中撰

玎文正

《説文》：「玎，玉聲也。从玉，丁聲。齊太公子謚曰玎公。」按《史記》吕伋稱丁公，丁公之子得稱乙公，乙公之子慈母稱癸公。其言實出《世本》。丁、乙、癸並从十干，不得如《説文》作「玎」也。周初諸侯未有稱謚者。周文公見於《國語》，經傳但稱周公；召康公見於《左氏春秋》《毛詩序》，經傳但稱召公。齊之太公亦非謚也。故伯禽稱魯公。蔡叔之子胡稱蔡仲，蔡仲之子荒稱蔡伯。振鐸稱曹叔，曹叔之子脾稱大伯，大伯之子平稱仲君。封稱康叔，康叔之子稱康伯。宋始封之君稱微子、微仲，微仲之子稽稱宋公，宋公之子申亦稱丁公。虞稱唐叔，唐叔之子燮稱晉侯。當時易名之典，惟施于王者，諸侯之得謚者，多在再傳及三四傳之後。前此或以伯仲，或以國邑，而夏殷之禮，相沿而未革，故猶有以甲乙爲號者，齊之丁、乙、癸，宋之丁公是也。古書或借「玎」作「丁」，許氏遂據之而爲之説爾。

釋連山

《周官》大卜掌三易，一曰「連山」，《簭人》文同。鄭注《大卜》云：「名曰連山，似山出内氣也。」其言望文生義，殆失之矣。「連山」即「烈山」。《春秋》昭二十九年《傳》有「烈山氏」，《祭法》「烈山氏之有天下」是也。《魯語》亦謂之「厲山」，皆語之轉。杜子春以連山爲宓戲，杜預以烈山爲神農世諸侯，韋昭以厲山爲炎帝之號，三説不同，韋義爲允。

釋童

《説文》：「童，男有辠曰奴，奴曰童。从辛，重省聲。」「僮，未冠也。从人，童聲。」中按：《春秋傳》：「士臣皁，皁臣輿，輿臣隸。」又：「斐豹，隸也，著於丹書。」《司厲》「其奴，男子入於辠隸，女子入於舂稾」，鄭司農謂：「今之奴婢，古之辠人也。」《史記·張耳陳餘列傳》：高祖逮捕趙王，貫高與客孟舒等十餘人，皆自髡鉗爲王家奴。《田叔列傳》：孟舒、田叔等十餘人，赭衣自髡鉗，稱王家奴。《季布欒布列傳》：周氏廼髡鉗季布，并與其家僮數十人之魯朱家所賣之。朱家心知是季布，廼買而置之田，誡其子曰：「田事聽此奴。」《漢書·賈山傳》：山稱文帝之德曰：「赦辠人，憐其無髮，賜之巾。」《王式傳》：昌邑王廢，式得減死論，不言所論何辠。据《王吉龔遂傳》，二人皆減死，髡爲城旦。則式亦髡爲城旦也。式後除博士，徵來，衣博士衣而不冠，曰：「刑餘之人，何宜復充禮官。」詳此數條，知古之辠入於髡者，則以爲奴。後則凡爲奴者，皆髡鉗以自別。髡則纚笄皆無所施，故不冠，而謂之童。童之爲言秃也，語轉而異。故牛羊之無角者曰「童牛」、曰「童羖」，山之無草木者曰「童山」，其義一也。子生三月，翦髮爲鬌，少長總角，及冠乃紒而冠，故未冠謂之童，名義皆相因也。童之从人，爲類加之偏旁，若芻豢之「犓」，巢車之「轈」，散文則通。古書多假借，後人傳寫，乃兩易之。「重」又「童」之假借，《説文》之義，無可疑也。

此篇荅舉主謝侍郎作。

左氏春秋釋疑

《左氏春秋》，典策之遺，本乎周公；筆削之意，依乎孔子。聖人之道，莫備於周公、孔子。明周公、孔子之道，莫若《左氏春秋》。學者其何疑焉！然古者左史記事，動則書之，是爲《春秋》。而左氏所書，不專人事，其別有五：曰天道，曰鬼神，曰災祥，曰卜筮，曰夢。「其失也巫」，斯之謂與？吾就其書求之。

楚子庚侵鄭，董叔言：「天道多在西北，南師不時，必無功。」叔向以爲在其君之德。有星孛於大辰，西及漢，裨竈曰：「宋、衞、陳、鄭將同日火。若我用瓘斝玉瓚，鄭必不火。」子産不與。明年，鄭火。裨竈曰：「不用吾言，鄭又將火。」子産以爲：「天道遠，人道邇，竈焉知天道！是亦多言矣，豈不或信？」遂不與，亦不復火。由是言之，左氏之言天道，未嘗廢人事也。隨侯以牲牷肥腯，粢盛豐備，謂可信於神。季良以爲，民，神之主也，聖王先成民而後致力於神，民和而神降之福。齊侯疾，梁丘據請誅於祝固、史嚚。晏子以爲，祝不勝詛。由是言之，左氏之言鬼神，未嘗廢人事也。鄭内蛇與外蛇鬭，内蛇死。申繻以爲，妖由人興，人無釁焉，妖不自作。隕石於宋五，六鷁退飛過宋都，内史叔興以爲，是陰陽之事，非吉凶所生，吉凶由人。由是言之，左氏之言災祥，未嘗廢人事也。晉獻公筮嫁伯姬於秦，史蘇占之，不吉。及惠公爲秦所執，曰：「先君若從史蘇之言，吾不及此。」韓簡以爲，先君多敗德，史蘇是占，勿從何益？南蒯將叛，筮之，得坤之比。子服惠伯以爲，忠信之事則可，不然必敗。《易》不可以占險。由是言之，左氏之言卜筮，未嘗廢人事也。衞成公遷於帝丘，夢康叔曰：「相奪予享。」公命祀相。甯武子以爲，相之不享於此久矣，非衞之辠，不可以閒成王、周公之命祀。晉趙嬰通於莊姬，嬰夢天使謂己：「祭余，余福女。」士貞伯以爲，神福仁而禍淫，淫而無罰，福也，祭其得亡乎？祭之之明日，而放於齊。由是言之，左氏之言夢，未嘗廢人事也。

此十者，後世儒者之所執以疑《左氏春秋》者也。而當時深識遠見之君子，類能爲之矢德音，蔽群疑，而左氏則已廣記而備言之，後人其何疑焉！若夫瓊弁玉纓，子玉弗致，庶乎知道，而卒之兵敗身死。臧會爲僭，僂句告吉，而終後臧氏。天網恢恢，吉凶之應，有時而爽。策書舊文，謹而志之，所以明教也。

問者曰：「天道、鬼神、災祥、卜筮、夢之備書於策者，何也？」曰：此史之職也。其在《周官》，大史、小史、内史、外史、御史，皆屬春官。若馮相氏、保章氏、眂祲，司天者也。大祝、喪祝、甸祝、司巫、宗人，司鬼神者也。大卜、卜師、龜人、華氏、簭人，司卜筮者也。占夢，司夢者也。與五史皆同官。周之東遷，官失其守，而列國又不備官，則史皆得而治之。其見於典籍者，曰瞽史，曰祝史，曰史巫，曰宗祝巫史，曰祝宗卜史，明乎其爲聯事也。楚公子棄疾滅陳，史趙以爲歲在析木之津，猶將復由。吳始用師於越，史墨以爲越得歲而吳伐之，必受其凶。然則史固司天矣。有神降於莘，惠王問諸内史過，過請以其物享焉。狄人囚史華龍滑與禮孔，二人曰：「我大史也，實掌其祭。」然則史固司鬼神矣。隕石於宋五，六鷁退飛過宋都，襄公問吉凶於周内史叔興。有雲如衆赤鳥，夾日以飛三日，楚子使問諸周大史。然則史固司災祥矣。陳敬仲之生，周大史有以《周易》見陳侯者，陳侯使筮之。韓起觀書於大史，見《易象》。孔成子筮立君，以示史朝。然則史固司卜筮矣。昭公將適楚，夢襄公祖，梓慎以爲不果行。趙簡子夢童子羸而轉以歌，占諸史墨。然則史固司夢矣。司其事而不書，則爲失官。故曰：天道、鬼神、災祥、卜筮、夢之備書於策者，史之職也。

古者《詩》《書》《禮》《樂》，大司樂掌之。《易象》《春秋》，大史掌之。而儒則有道者、有德者，使教國之子弟，死則以爲樂祖，祭於瞽宗者也。後世二官俱亡，而六藝之學并於儒者，於是即儒之所業，以疑大史，此偏知之所得，未足語於大道也。

曰：是皆然矣，抑猶有可疑者。左氏之紀人事，所以聳善抑惡，以詔後世也。而有不信者焉，有不平者焉，其類有百，請約言之。

鄭、息有違言，息伐鄭而敗，左氏以其犯五不韙而伐人，知其將亡。鄭請成於陳，陳桓公不許，左氏謂其長惡不悛。按鄭莊公之在位，四鄰搆怨，無歲無兵，取周禾麥，射王中肩，寘母城潁，誓不復見，人道盡矣。而爲周孟侯，以没元身。陳、息一眚，而亟稱其惡，其可疑者一也。楚武王將齊而心蕩，鄧曼知其禄盡。莫敖舉趾高，鬬伯比知其必敗。按商臣弑父與君，享國十二年，滅江、六、蓼，服陳、鄭、宋，身獲考終，子有令德。潘崇教人之子，使爲大逆，奄有大子之室，爲大師，掌環列之尹，伐麇襲舒，屢主兵事，有庇及黨，爲國世臣。比於武王、莫敖，其咎孰多？其徵安在？其可疑二也。有神降於莘，虢公享神，神賜之土田。内史過、史嚚知其將亡。虢公敗戎於渭汭、桑田，舟之僑、卜偃知其將亡。按虢爲卿士，於周爲睦。子頽之亂，勳在王室。不幸晉方薦食，不祀忽諸，而四子備舉其亡徵。且周之東遷，拜戎不暇，渭汭、桑田之役，豈不亦敵王所愾，以張中國之威？而以爲召殃，斯過矣。晉獻上烝諸母，盡滅桓、莊之族，以妾爲妻，逐群公子而殺其世子。虢多涼德，豈其若是？而日闢百里，晉是以大，其可疑三也。公孫歸父言魯樂，晏桓子知其將亡。按歸父欲去三桓，以張公室，與公謀而聘於晉，欲以晉人去之，其忠盛矣。不幸宣公即世，其事不成。行父假於公義，以敵私怨，遂逐子家，由是公室四分，昭、哀失國。斯可謂國之不幸，而遠以懷魯蔽其辠。且意如内攘國政，外結齊、晉之臣，同惡相濟，賊殺不辜，有君不事，使之野死，又廢其子，其爲謀人，不已多乎？而及身無咎，後嗣蒙業，其可疑四也。凡若此者，是有故焉。天道福善而禍淫，禍福之至，必有其幾。君子見微知著，明徵其辭。其後或遠或近，其應也如響。作史者比事而書之策，侍於其君則誦之，有問焉則以告之。其善而適福，足以勸焉；淫而適禍，足以戒焉。此史之職也。故《國語》「史獻書」，又「臨事有瞽史之道」。又楚有左史倚相，能道訓典，以敘百物，以朝夕獻善敗於君，使無忘先王之業。《禮運》：「王前巫而後史。」《保傅傳》：「瞽史誦詩。」又：「博聞强記，接給而善對者謂之承。承者，承天子之遺忘者，常立於後，是史佚也。」其見於《左氏春秋》者，曰「君舉必書」，曰「史爲書」，曰「諸侯之會，其德刑禮義無國不記」。及夫國中失之事，咸問之史。是其事也，意主於戒勸，不專於記述。其所載之事，時有異聞。故史克數舜之功，十六相、四凶之名，不同於《尚書》，意有所偏重。故昭公失國，史墨謂爲君慎器與名，不可以假人。君父不校之義，非所及也。所謂「言豈一端，各有所當」者，此也。其有善而無福，淫而無禍，雖有先事之言，不足以戒勸，則遂削而不書。其事不可没，則載之。其故不可知，則不復爲之辭。故史之於禍福，舉其已驗者也。其在上知，不聞亦式，不諫亦入，其於戒勸，無所用之，則禍福雖無驗焉，可也。其在下愚，不可教誨，不知話言，其於戒勸，亦無所用之，則禍福雖無驗焉，可也。天下之上知下愚少，而中人多。故先王設之史，使鑒於前世之善淫禍福，以知戒勸者，爲中人也。苟爲中人，則舉其已驗者可也。此史之職也。雖然，史之戒勸，猶有二焉。蔡侯般弑其君，歲在豕韋，萇弘知其弗過此。於是楚靈王誘之於申，伏甲而殺之。此明著其禍以爲戒者也。商臣以宫甲圍成王，王縊。此直書其事以爲戒者也。禍之有無，史之所不得爲者也；書法無隱，史之所得爲者也。君子亦爲其所得爲者而已矣。此史之職也。百世之上，時異事殊，故曰：古之人與其不可傳者死矣，所貴乎心知其意也。明乎此，則《左氏春秋》之疑，於是乎釋。

居喪釋服解義

居喪釋服之禮。《王制》：「祭天地社稷，越紼而行事。」一也。《曾子問》：「天子崩，未殯，五祀之祭不行。既殯而祭。」「自啓至於反哭，五祀之祭不行，已葬而祭。」二也。《周語》：「襄王使大宰文公及内史興賜晉文公命。命於武宫，設桑主，布几筵，大宰莅之。晉侯端委以入。大宰以王命命冕服，内史贊之，三命而後即冕服。」時去獻公之卒已十有六年，文公不欲繼於惠、懷，故假居喪即位之禮行之。其天子錫命諸侯之正禮，固如此也。三也。《曲禮》：「既葬見天子，曰類見。」四也。又：「言謚曰類。」注：「使大夫行象聘問之禮。」大夫爲君三年，見於天子則玄冕。五也。《左氏春秋》文公元年《傳》：「凡君即位，卿出並聘。」六也。《聘禮》：「遭喪，將命於大夫，主人長衣練冠以受。」注：「不以純凶接純吉。」七也。又：「聘，君若薨於後，赴者未至，則哭於巷，衰於館。」注：「衰於館，未可以凶服出見人。其聘享之事，自若吉也。」賈公彦云：「其行正聘享，則著吉服。」《雜記》云「執玉不麻」是也。八也。《聘禮》又云：「歸，使衆介先衰而從之。」注：「君納之，乃朝服。反命出公門，釋服。」九也。《檀弓》：「士惟公門説齊衰。」《曲禮》：「苞屨扱衽厭冠，不入公門。」《服問》：「惟公門有税齊。」《曲禮》正義引熊安生云：「父之喪，惟扱上衽，不入公門。杖齊衰則屨不得入。」十也。《郊特牲》：「郊祭之日，喪者不敢凶服。」十一也。《喪服小記》：「養有疾者不喪服。」十二也。《曾子問》：「君薨，世子生，告於君，大祝、大宗、大宰皆裨冕。」十三也。《士喪禮》：「筮宅。既朝哭，主人皆往兆南，北面，免絰。」十四也。《檀弓》:「弁葛絰而葬,與神交之道也。」十五也。《喪服小記》《雜記》:「祥祭朝服;既祭,乃服素縞麻衣。」十六也。

其非三年之喪釋服者。《雜記》:「大夫卜宅與葬日,有司麻衣布帶,因喪屨,緇布冠不蕤,占者皮弁。」一也。又:「如筮,則史練冠長衣以筮,占者朝服。」二也。《士喪禮》:「將葬卜日,族長涖卜,及宗人吉服立於門西,東面南上。」三也。《雜記》:「含者委璧於殯東南,宰夫朝服,即喪屨,升自西階,西面坐,取璧。」《正義》:「以鄰國執玉而來,執玉不麻,故著朝服。」四也。又:「宰舉璧與圭,則上介賵,執圭將命,宰亦朝服也。」五也。

其卒是禮而行之者。《漢書·律曆志》引《伊訓》:「『大甲元年十有二月乙丑朔,伊尹祀於先王,誕資有牧方明。』言雖有成湯、大甲、外丙之喪,以冬至越紼祀先王於方明,以配上帝。」一也。《周書·顧命》:成王崩,康王「麻冕黼裳即位,卿士邦君麻冕蟻裳,大保、大史、大宗麻冕彤裳」。二也。《春秋傳》隱公元年三月,惠公之喪。下凡元、二年,以意求之。「公及邾儀父盟於蔑」。三也。九月,「及宋人盟於宿」。四也。是年,公子豫及邾人、鄭人盟於翼。子爲父、臣爲君,皆斬衰三年,會盟皆吉服。五也。三年三月,平王崩。十二月,「齊侯、鄭伯盟於石門」。六也。桓公元年,「公即位」,與《顧命》同。桓公弑兄而自立,猶用遭喪繼位之禮,故書即位。七也。三月,「公會鄭伯於垂」。八也。四月,「及鄭伯盟於越」。九也。二年三月,公會諸侯於稷。十也。七月,「杞侯來朝」。十一也。九月,「公及戎盟於唐」。十二也。十四年十二月,齊僖公卒。十五年六月,襄公會魯桓公於艾。十三也。莊公十二年八月，宋弑閔公。十三年春，宋人會於北杏。十四也。閔公元年八月，「公及齊侯盟於落姑」。十五也。僖公元年，會諸侯於檉。臣不殤君，閔公祔廟成喪。十六也。九年三月，宋桓公卒。未葬，襄公會諸侯於葵丘。十七也。九月，晉獻公卒。十一年春，「王使召武公、内史過錫晉侯命，受玉」。十八也。十二年十月，陳宣公卒。十三年四月，穆公會諸侯於鹹。十九也。十七年十二月，齊桓公卒。十九年冬，諸侯盟於齊，孝公與盟。二十也。二十五年四月，衛文公卒。十二月，成公會諸侯於洮。二十一也。二十六年正月，衛甯速會魯莒盟於向。二十二也。二十七年六月，齊孝公卒。二十八年二月，昭公與晉盟於斂盂。二十三也。五月，昭公又與諸侯盟於踐土。二十四也。冬，又會於温。二十五也。五月，陳穆公卒。冬，共公會於温。二十六也。三十二年十二月，晉文公卒。閒一歲，文公元年，襄公朝王於温。下言「五月圍戚」，則此在四月以前，猶未大祥。二十七也。文公元年，「公即位」。二十八也。四月，王使毛伯來錫公命，叔孫得臣如周拜。公及得臣皆當禫冕。二十九也，三十也。二年三月，公如晉，及陽處父盟。三十一也。公孫敖與盟於垂隴。三十二也。六年八月，晉襄公卒。七年八月，趙盾及諸侯盟於扈。三十三也。十四年九月，公孫敖卒於齊。十五年夏，惠伯「猶毁以爲請，立於朝以待命」。三十四也。宣公元年，「公即位」。三十五也。六月，公會齊侯於平州。三十六也。宣公喪取，襄仲如齊聘，其事非禮，故不數之。元年十月，匡王崩。三年春，不郊而望。三十七也。八年六月，敬嬴薨。九年正月，公如齊。三十八也。十年四月，齊惠公卒。冬，國佐來聘。三十九也。成公元年，「公即位」，四十也。夏，臧孫許及晉侯盟於赤棘。四十一也。二年八月，衛穆公卒。三年十一月，孫良夫來聘，且尋盟。四十二也。二年八月，宋文公卒。四年春，華元來聘。四十三也。五年十一月，定王崩。六年六月，邾子來朝。四十四也。六年六月，鄭悼公卒。七年春，鄭子良相成公如晉。四十五也。十四年十月，衛定公卒。十五年三月，獻公會諸侯盟於戚。四十六也。十一月，孫林父會諸侯之大夫於鍾離。四十七也。十八年八月，公薨。十二月，仲孫蔑會諸侯及崔杼盟於虛朾。四十八也。襄公元年，「公即位」。四十九也。夏，又會諸侯之大夫於鄫。五十也。邾子來朝。五十一也。冬，衛使公孫剽來聘，魯並受之於廟。五十二也。晉使荀罃來聘。五十三也。二年七月，仲孫蔑會諸侯之大夫於戚。五十四也。冬，又會於戚。五十五也。其年七月，叔孫豹聘於宋。五十六也。四年三月，陳成公卒。五年秋，哀公會諸侯於戚。五十七也。五年十二月，季孫行父卒。六年冬，季孫宿如晉。五十八也。七年秋，又如衛。五十九也。十年冬，盜殺鄭子耳於西宫之朝。十一年九月，鄭使良霄如楚。三年之喪期不使，此未及期，六十也。十五年十一月，晉悼公卒。十六年春，平公會諸侯於澶淵。六十一也。二十九年，鄭子展卒，子皮即位。按位無定名，朝祭喪賓皆有之。此則嗣父爲卿，有位於朝。六十二也。二十八年十二月，楚康王卒。三十年正月，楚子使薳罷來聘。六十三也。昭公元年，「公即位」，六十四也。叔孫豹會諸侯之大夫於虢，既入於鄭，鄭又享之。六十五也。二年，晉韓起來聘。受聘必於廟，且受玉，又享之。公及大夫皆當禕冕。六十六也。又宴於季氏，季氏當朝服。六十七也。四年十二月，叔孫豹卒。五年正月，昭子即位，與子皮同。六十八也。十年十二月，宋平公卒。十一年五月，華亥會諸侯之大夫於厥慭。六十九也。十二年夏，華定來聘。七十也。十二年二月，鄭簡公卒。夏，子產相定公朝於晉。七十一也。十六年，晉昭公卒。十七年秋，晉使屠蒯如周，請有事於雒與三塗。見王及祭皆吉服。七十二也。定公元年六月，「公即位」。七十三也。三年二月，邾莊公卒。冬，仲孫何忌及邾子盟於拔。七十四也。四年二月，陳惠公卒。三月，懷公會諸侯於召陵。五月，又盟於皐鼬。七十五也。五年六月，季孫意如卒。六年夏，季孫斯如晉。七十六也。哀公元年，「公即位」。七十七也。二年二月，叔孫州仇、仲孫何忌及邾子盟於句繹。七十八也。三年，季孫斯卒。既葬，康子在朝。七十九也。以上皆居喪釋服，而金革之事不與焉。《左氏春秋》僖公三十二年十二月，晉文公卒。三十三年四月，未葬，襄公禦秦師，墨衰經。《喪大記》：既卒哭，弁經帶，金革之事無辟也。軍禮變服有此二條。若禡及禱，則亦吉服。

於是中爲之解其義曰：衰麻哭泣，喪之文也。不飲酒，不食肉，不御內，喪之實也。然郊之日，喪者不敢哭；寡婦不夜哭；奔喪哭辟市朝；君使人弔，主人迎賓不哭；君視斂，主人見馬首不哭；徹大斂奠，設朝奠，婦人拊心不哭；公史讀遣，主人、主婦皆不哭；婦人下堂不哭；男子出寢門外，見人不哭。凡封大夫，命毋哭，士哭者，相止也。大荒，哭不留日。有疾，飲酒食肉。七十者飲酒食肉。既葬，君食之則食之，大夫、父之友食之則食之矣，不辟粱肉。君命遺之酒肉，則不敢辭。古之居喪者，惟御內爲不可假，故孟獻子比御而不入，孔子以爲加人一等。至於哭泣飲食，皆可通也。則夫衰麻之有時而可釋焉，宜矣。弔於人，是日不樂，不飲酒食肉，一日之喪也。故雖天子、諸侯，有弔服、釋服，斯須之敬也，故既事而復故。君有臣民之恩，疾則問之，喪則臨之，遇柩於路則使人弔之。故冠經衰屨，皆入公門，當事而君至，主人不變。圭璧以禮神合瑞，故雖含必即吉。祖考與死者爲一體，故天子崩，諸侯薨，祝取群廟之主，藏之祖廟，卒哭成事，而後主各反其廟。喪不祭，神人異道，故外事則吉服，因喪以接神，則變。喪莫哀於始死，故后之喪，雖嘗禘郊社之祭，簠簋既陳，天子廢其禮。神不可以乏祀，故五祀之祭，既殯而行。有國者不以人之死爲諱，故朝聘而終，以尸將事。賓禮不可以衰麻行之，故聘而君薨於國，其聘享自若吉也。此所謂人道之至文者也。雖然，君子不奪人之喪，亦不可奪喪也。苟有可以不釋者，則不釋之矣。季武子寢疾，蟜固不説齊衰而入見，曰：「斯禮也，將亡矣，士惟公門説齊衰。」武子曰：「不亦善乎！君子表微。」晉平公卒，既葬，諸侯之大夫送葬者，欲因見新君。叔孫昭子曰：「非禮也。」弗聽。叔向辭之曰：「大夫之事畢矣，而又命孤。孤斬焉，在衰絰之中。其以嘉服見，則喪禮未畢；其以喪服見，是重受弔也，大夫將若之何？」皆無辭以見，是其事也。明乎此，然後可以解墨子「久喪不能從事聽治」之惑，可以破杜預、段暘「天子、諸侯卒哭除喪、諒陰終三年」之謬，可以釋蘇軾「康王吉服即位」之疑。

周官徵文

《漢書·河閒獻王傳》：「獻王所得書，皆古文先秦舊書，《周官》《尚書》《禮》《禮記》《孟子》《老子》之屬。」《藝文志》：「《周官經》六篇，王莽時劉歆置博士。」《經典敘録》或曰：「河閒獻王時，有李氏上《周官》五篇，失事官一篇。乃購千金不得，取《考工記》補之。」據此三文，漢以前《周官》傳授源流，皆不能詳，故爲衆儒所排。賈公彥《序周禮廢興》載馬融傳云：「秦自孝公以下，用商君之法，其政酷烈，與《周官》相反。故始皇禁挾書，特疾惡，欲滅絶之，搜求焚燒之。」獨悉其言，亦無所據。

中攷之于古，凡得六徵。《逸周書·職方解》即《夏官·職方》職文，據序在穆王之世，云：「王化雖弛，天命方永。四夷八蠻，攸尊王政。作《職方》。」一也。《藝文志》：「六國之君，魏文侯最爲好古。孝文時，得其樂人竇公獻其書，乃《周官·大宗伯》之《大司樂》章也。」二也。《太傅禮·朝事》載《秋官》典瑞、大行人、小行人、司儀四職文，三也。《禮記·燕義》，《夏官·諸子》職文，四也。諸、庶字通。《内則》「食齊視春時」以下，《天官·食醫》職文；「春宜膏豚膳膏薌」以下，《庖人》職文；「牛夜鳴則庮」以下，《内饔》職文，五也。《詩·生民》傳「嘗之日莅卜來歲之芟」以下，《春官·肆師》職文，六也。遠則西周之世，王朝之政典，大史所記，及列國之官，世守之以食其業，官失而師儒傳之。七十子後學者，繫之于六藝，其傳習之緒，明白可據也。如是，而以其晚出疑之，斯不學之過也。

或曰：《周官》周公所定，而言穆王作《職方》，何也？曰：賦詩之義，有造篇，有述古，夫作亦猶是也。召穆公糾合宗族于成周，而作《常棣》之詩，則述古亦謂之作。詳「職方」「大司樂」二條，知《周官》之文，各官皆分載其一，以爲官灋。故每職之下，皆繫曰「掌」，而太宰建之，以爲六典，則合爲一書。穆王作之，特申其告誡，俾舉其職爾。若夫古之典籍，自四術以外，不能盡人而誦習之。故孟子論井地爵禄，漢博士作《王制》，皆不見《周官》，不可執是以議之也。古今異宜，其有不可通者，信古而闕疑可也。

古玉釋名

古玉一，長尺有一寸，其首旁閷，博寸有半，脊與身平。十五分其首，以其一爲之厚，其刃半之。其末判規，不剡上，厚如其刃，博寸有十分寸之九，中閷五之一，距首寸有十分寸之八，在脊有珥，在刃有射，倚而不直。其博二寸有十分寸之四，爲孔珥，與射之間圍半寸。始宛平孫侍郎得是玉，秀水朱檢討爲作《釋圭》一篇。玉今歸江寧張氏。乾隆四十九年七月丁丑，訪巴予籍于左衛街。予籍以示中，中以爲非圭也。圭厚半寸，此不合一。圭剡上左右各寸半，此不合二。大圭廣三寸，自中以上漸閷，上廣二寸半，此不合三。于是定以爲刀云。古者玉之爲器，有戚；石之爲器，有砮，有砭，皆取其利。其于刀也，何疑？檢討之言，有不可通者，今并正之。

云：「『琰圭以易行除慝』，鄭衆謂其『有鋒鋩』，則其厚且閷之。」按琰圭有鋒鋩，惟在圭首。此玉不爲圭形，而末及一邊有鋒，不可以當之。「厚且閷之」，檢討藉鄭義以演成其說。然由厚而薄，則可謂之閷，即桃氏所謂從也。此玉舉體皆薄，何閷之有？檢討特嫌於「厚半寸」之文，而從爲之辭。

云：「王所搢圭，插于紳帶之閒，蓋其鋭與劍相類，所謂終葵首也。」按「天子搢珽」文見《玉藻》注，《釋文》《正義》並不釋「搢」義。《玉篇》《廣韵》《説文新附》並云：「搢，插也。」今搢、插相閒成文，實爲不辭。劍鋭，故有室。圭不鋭，故可搢于帶。此謂鎮圭。若琰圭，無搢于帶之事。使圭之鋭與劍相類，衣與帶必受其病矣。「終葵」者，椎也，在于圭首，其長六寸，以明無所詘，故謂之「珽」，所謂方正于天下也。

上言鋭，下言終葵，制既不合，義亦相違。

云：「《考工記》：天子圭中必。鄭氏謂以組約其中央，以備失墜。而《典瑞》駔圭、璋、璧、琮、琥、璜之渠眉，則以組穿聯六玉。是凡爲圭，宜鑿好于肉，然後以組穿之也。」按圭之爲體也微，韋衣木版三色，再就以爲薦，又以絢組約之，其固甚矣。「鑿好于肉」，《玉人》《釋器》皆無其文。大圭不瑑，而顧有孔乎？「約」之爲義，非謂穿也。《少儀》：「刀卻刃授穎。」注：「穎，鐶也。」此孔正與鐶同用。圭之約者爲命圭，圭之搢者爲鎮圭，檢討亦未之辨。《典瑞》六玉，乃斂尸之用，開渠爲眉，令汁得流去，穿之以組，置尸之上下四旁。經文及二鄭之注甚明，非謂凡爲圭皆如是也。塗車芻靈，豈可例生者之器乎？且渠之與孔，其狀亦異。

云：「玉長尺有二寸，博二寸。」按此玉度以今營造尺，止尺有一寸，在周尺則爲二尺。檢討不考古制，强名爲圭，懼無以輔其説，据依鄭君「尺二寸」之文而遷就之。然豈可以今之尺爲殷周之度乎？玉之博，首末中凡三其度，今徑謂博二寸，亦非也。又不言厚。蓋知《聘禮記》《雜記》之不可誣也，而姑置之。

云：「剡其上，蓋古琰圭之屬。」按琰義從剡，剡之爲言炎也。火之炎，其上必鑯。故圭之剡也，其上鋭也。琰則剡上而判規。故凡圭皆剡，而獨得琰名，非剡上即爲琰也。然琰之異以判規，而其爲剡上，左右各寸半則同。此玉左右射而中汙，其不可謂之琰明矣。

云：「客有先予觀者，爲賦《玉劍歌》。予攷桃氏爲劍，未聞攻玉。玉劍之載于六經者無之。」按劍之制，有末、有臘、有從、有莖、有首、有緱、有脊、有鐔、有夾，爲長、爲廣、爲重，前籍具在，何不一引以折之？而但以六經不載爲言。夫六經不載之器，其傳于後世者多矣，是不足以關其口也。孔子曰：「蓋有不知而作之者。」檢討以之。

謹按：此篇有初藁，有次藁。原刻据初藁栞板，今依次藁更正。孤喜孫識。

周公居東證

《書·金縢》：武王既喪，管叔及其群弟乃流言於國曰：「公將不利於孺子。」周公乃告二公曰：「我之弗辟，我無以告我先王。」周公居東二年，則辠人斯得。於後公乃爲詩以貽王，名之曰「鴟鴞」。

《詩·鴟鴞》：鴟鴞鴟鴞，既取我子，無毀我室。

傳：「寧亡二子，不可以毀我周室。」

《逸周書·作雒解》：武王克殷，乃立王子禄父，俾守商祀。建管叔於東，建蔡叔、霍叔於殷，俾監殷臣。武王既歸，乃歲十二月崩於鎬，肂於岐周。周公立，相天子，三叔及殷、東、徐、奄及熊盈以畧。疑當作畔。周公、召公內弭父兄，外撫諸侯。元年夏六月，葬武王於畢。二年，又作師旅，臨衛攻殷。殷大震潰，降辟三叔。王子禄父北奔，管叔經而卒，乃囚蔡叔於郭淩。凡所征熊盈族十有七國，俘維九邑。俘殷獻民，遷於九畢。俾康叔宇於殷，俾中旄父宇於東。

《明堂解》：武王崩，成王嗣，幼弱，未能踐天子之位。周公攝政，君天下，弭亂。六年而天下大治。七年致位於成王。

《列子・楊朱篇》：武王既終，成王幼弱，周公攝天子之政。召公不説，四國流言。周公居東三年，誅兄放弟。

《史記・周本紀》：成王少，周初定天下，周公恐諸侯畔周，公乃攝行政當國。管叔、蔡叔群弟疑周公，與武庚作亂，畔周。周公奉成王命，伐誅武庚、管叔，放蔡叔。

《管蔡世家》：武王既崩，成王少，周公旦專王室。管叔、蔡叔疑周公之爲不利於成王，乃挾武庚以作亂。周公旦承成王命，伐誅武庚，殺管叔，而放蔡叔，遷之，與車十乘，徒七十人。

《宋微子世家》：武王崩，成王少，周公旦代行政當國。管、蔡疑之，乃與武庚作亂，欲襲成王、周公。周公既承成王命，誅武庚，殺管叔，放蔡叔。乃命微子開代殷後，奉其先祀。

《説文》：𨐨，治也。《周書》曰：「我之不𨐨。」

《豳譜》正義引王肅《金縢》注：武王九十三而崩，以冬十二月。其明年稱元年，周公攝政，遭流言，作《大誥》而東征，二年克殷，殺管、蔡，三年而歸。　《金縢》云「武王既喪」，即云管、蔡流言，周公居東，則是武王崩，管、蔡即流言，周公即東征也。　或曰：《詩序》三年而歸，此言居東二年，其錯何也？曰：《書》言其辠人斯得之年，《詩》言其歸之年也。

《詩・車攻》：駕言徂東。

傳：「東，洛邑也。」

右凡十一條。《尚書》文簡而事覈。毛公淵源子夏，偏得詩事。《逸周書》經緯年月，節目尤詳。《列子》次第明了，最可據依。《史記》於《周本紀》、《管蔡》《宋微子》二世家並不誤，勝於《魯周公世家》。許叔重稱書孔氏，乃用古文，「辟」之從幷，訓治，孔壁遺簡，安國講授，其相承固然。《逸周書》凡三言「東」，不知爲何地。證以《車攻》傳，乃知即是東都。王肅好與鄭異，是注持義獨正，因具録之。

《史記·魯周公世家》：武王既崩，成王少，在强葆之中。周公恐天下聞武王崩而畔周，公乃踐阼，代成王攝行政當國。管叔及其群弟流言於國，曰：「周公將不利於成王。」周公乃告太公望、召公奭曰：「我之所以弗辟而攝行政者，恐天下畔周，無以告我先王。太王、王季、文王之憂勞天下久矣，於今而後成。武王蚤終，成王少，將以成周。我所以爲之若此。」於是卒相成王，而使其子伯禽代就封於魯。管叔、武庚等果率淮夷而反。周公乃奉成王命，興師東伐，作《大誥》。遂誅管叔，殺武庚，放蔡叔。

右一條，据《大傅禮》，成王即位年十三，云「强葆」，甚言其小也。解「弗辟」爲「弗辟攝行政」，是或一義。遷雖從安國受《尚書》，證以《説文》，則此非孔義也。至於先流言而後反，揆諸情事，諒亦宜然。惟曲阜之封，實惟奄宅。奄與三國同畔，始見翦滅。前此禽父無緣就封。然讀「辟」爲「避」，而不言避居東都，猶愈於馬、鄭爾。

錢少詹事云：「《春秋傳》但云因商奄之民，以魯爲古奄國，出自《續漢志》，未知何據。康成、元凱俱未實指奄所在也，更宜攷之。」中按：《漢書·藝文志》：「禮古經者，出魯淹中。」蘇林曰：

「里名也。」《楚元王傳》：「少時嘗與魯穆生、白生、申公俱受《詩》於浮丘伯。」服虔曰：「白生，魯國奄里人。」《續漢志》注引《皇覽》曰：「奄里伯公冢，在城内祥舍中，民傳言魯五德奄里伯公葬其宅也。」《説文》：「𨛫，周公所誅𨛫國，在魯。」《括地志》：「兖州曲阜縣奄里，即奄國之地也。」淹、𨛫、奄古今字爾。

《墨子·耕柱》篇：古者周公旦非關叔，辭三公，東處於商。

按武王克商，已建商後。洎其晏出，管叔、禄父相倚爲姦，周公豈得棄其官位，投身必死之地？此之不實，昭然可見。而避之爲説，實以此言爲之緣起。以其事在諸子，自宋以後，學者勞於師心，逸於考古，雖在方策，畧不窺尋。是以具爲説之。管之爲關，則語轉也。

《經典釋文》：弗辟，馬、鄭音避，謂避居東都。

馬義今不傳，賴此箸之。

《豳譜》正義引鄭氏《金縢》注：周公以武王崩後三年出，五年秋反而居攝。　臯人，周公之屬，與知攝者。周公出奔二年，盡爲成王所得。謂之臯人，史書成王意也。　成王非周公意未解。今又爲臯人言，欲讓之，推其恩親，故未敢。

《豳譜》：成王之時，周公避流言之難，出居東都二年。

《鴟鴞》箋：時周公竟武王之喪，欲攝政成周道，致太平之功。管叔、蔡叔等流言云：「公將不利於孺子。」成王不知其意，而多臯其屬黨。興者，喻此諸臣乃世臣之子孫，其父祖以勤勞有此官位土地，今若誅殺之，無絶其官位，奪其土地。王意欲誚公，此之由然。

《文王世子》正義引鄭氏《金縢》注：文王崩後明年，生成王，則武王崩時，成王年十歲。服喪三年畢，成王年十二。明年將踐阼，周公欲代之攝政，群叔流言，周公辟之，居東都，時成王年十三也。居東二年，成王收捕周公之屬黨，時成王年十四也。明年秋，大孰，遭雷風之變，時周公居東三年，成王年十五，迎周公反而居攝之元年也。居攝四年，封康叔，作《康誥》，是成王年十八也。故《書傳》云：「天子太子十八稱孟侯。」居攝七年，成王年二十一也。明年成王即政，年二十二也。

《詩邶風譜》：武王既喪，管叔及其群弟見周公將攝政，乃流言於國曰：「公將不利於孺子。」周公避之，居東都。二年，秋大孰，未穫，有雷電疾風之異。乃後成王説而迎之反，而遂居攝。三監道武庚叛。成王既黜殷命，殺武庚，復伐三監。

《鴟鴞》正義引王肅云：「按經傳内外，周公之黨具存，成王無所誅殺，横造此言，其非一也。設有所誅，不救其無辜之死，而請其官位土地，緩其大而急其細，其非二也。設已有誅，不得云無辜，其非三也。」

按馬、鄭《尚書》之學，是爲古文。鄭氏《詩箋》，多異毛義。而以此諸條求之，則違於道。夫君在諒闇，三年不言，百官總己，以聽於冢宰。《尚書》《論語》《檀弓》具有明文。故《曾子問》君薨而世子生，則有攝主；《春秋》國君未踰年，則謂之「子」。斯前代成憲，仲尼所据。成王之立，年止十三，又在不言之地。周公方抗世子之法於伯禽，使王知父子、君臣、長幼之義，念社稷新造，旋遭大喪，自以王室懿親，身爲冢宰，踐阼而治，以填天下。而三叔覬主少國疑，大臣未附，苟肆惡言，詿誤百姓，相率拒命，以濟其姦。周公秉國之鈞，禮樂征伐，皆自己出，傷丕基之將墜，憂四方之不寧，龔行天罰，以執有辠，是誠不得已者也。洎夫管叔既經，蔡、霍流放，雖任常刑，猶悼同氣。是故咎鴟鴞之取子，睹零雨而心悲。《詩·東山》「我心西悲」傳：「公族有辟，公親素服，不舉樂，爲之變，如其倫之喪。」其言有文焉，其聲有哀焉。斯其仁至義盡者已。必若所言，流言一至，公即避位，流言再至，公得不殺身乎？釋萬乘之國，而爲匹夫以遯於野，一死士之力足以制之，是豈不爲之寒心哉！公之既出，此二年中，宮府之事，竟將誰屬？使二公可代，則周公始之，亦將不攝；況管、蔡能以流言閒公，其不能以流言閒二公乎？此又進退無據者也。當成王之立，朝野宴然，三叔輒思動摇王室。及宗臣釋位，國釁已生，乃俯首帖耳，圜視不動，待至三年而後反，非其理也。故使攝位之舉，自公創始，處非其據，是之謂攘。浮言朝播，大權夕謝，倉皇竄伏，若恐不及，王躬國事，莫復誰何，是之謂愚。居東二年，東征又三年，國步既夷，王年亦長。比其反也，乃更居攝，是之謂貪。且公之攝位，卿尹牧伯，下及士庶，其誰不知？而云「辠人，周公臣屬與知攝者」，此又私黨陰謀之説，不可以論周公。至於臣屬之誅，官位土地之請，王肅糾之當矣。鄭、王時代相接，鄭義苟有所本，王肅無容不見，鄭之門人，亦何妨據以難王？今既不爾，謂之「横造」，殆不誣也。至云欲讓未敢，則又水火無端，互爲生滅，豈所謂甚難而實非乎！夫孟爲庶長之稱，侯乃五等之爵，以目元良，且斷以歲，斯固委巷之無稽，俗師之鄙背。今則奉爲科律，遷就古書，以求符合，亦已過矣。在《吕氏春秋・正名》篇曰：「齊湣王，周室之孟侯也。」固與康侯、寧侯之類同其美號，又何「太子十八」之云。聖人作事，通於神明，書闕有閒，宜折其中。馬、鄭前世大儒，立義有誤，不容歆隨。後人襲謬，固無譏焉。

《史記・魯周公世家》：初，成王少時病，周公乃自揃其蚤，沈之河，以祝於神曰：「王少未有識，奸神命者乃旦也。」亦藏其策於府。成王病有瘳。及成王用事，人或譖周公，周公奔楚。成王發府，見周公禱書，乃泣反周公。

《索隱》曰：「經典無文，其事或別有所出。而譙周云：『秦既燔書，時人欲言金縢之事，失其本末，乃云成王少時病，周公禱河，欲代王死，藏祝策於府。成王用事，人讒周公，周公奔楚。成王發府見策，乃迎周公。』又與《蒙恬傳》同，事或然也。」

《蒙恬傳》：昔周成王初立，未離襁褓。周公旦負王以朝，卒定天下。及成王有病，甚殆，公旦自揃其爪，以沈於河，曰：「王未有識，是旦執事有辠殃，旦受其不祥。」乃書而藏之記府。及王能治國，有賊臣言：「周公旦欲爲亂久矣，王若不備，必有大事。」王乃大怒，周公旦走而奔於楚。成王觀於記府，得周公旦沈書，乃流涕曰：「孰謂周公旦欲爲亂乎？」殺言之者，而反周公旦。

右秦漢之際，言周公事，異義如此。

述學　內篇三

江都汪中撰

墨子序

《墨子》七十一篇，亡十八篇，今見五十三篇，明陸穩所敘刻，視它本爲完。其書多誤字，文義昧晦，不可讀。今以意粗爲是正，闕所不知。又采古書之涉於《墨子》者，別爲《表微》一卷，而爲之敘曰：

周太史尹佚，實爲文王所訪。《晉語》。克商營洛，祝筴遷鼎，有勞於王室。《周書·克殷解》《書·洛誥》。成王聽朝，與周、召、太公同爲四輔。賈誼《新書·保傅》篇。數有論諫，《淮南子·主術訓》《史記·晉世家》。身没而言立。東遷以後，魯季文子、《春秋傳》成四年。惠伯、文十五年。晉荀偃、襄十五年。叔向、《周語》。秦子桑、僖十五年。后子昭元年。及左丘明，宣十二年。並見引重。遺書十二篇，劉向校書，列諸墨六家之首。《説苑·政理》篇亦載其文。莊周述墨者之學，而原其始曰：「不侈於後世，不靡於萬物，不暉於數度，以繩墨自矯，而備世之急。古之道術，有在於是者。」《天下》篇。可謂知言矣。古之史官，實秉禮經，以成國典，其學皆有所受。魯惠公請郊廟之禮於天子，桓王使史角往，惠公止之，其後在於魯，墨子學焉。《吕氏春秋·當染》篇。其淵原所漸，固可攷而知也。劉向以爲出於清廟之守。夫有事於廟者，非巫則史，史佚、史角，皆其人也。史佚之書，至漢具存，而夏之禮，在周已不足徵，則莊周、禽滑釐傅之禹者，《莊子·天下》篇、《列子·楊朱》篇。非也。司馬遷云：「墨翟，宋大夫。或曰並孔子時。或曰在其後。」今按《耕柱》《魯問》二篇，墨子於魯陽文子多所陳説。《楚語》「惠王以梁與魯陽文子」，韋昭注：「文子，平王之孫，司馬子期之子。」其言實出《世本》。故《貴義》篇墨子南游於楚，見獻惠王，獻惠王以老辭。獻惠王之爲惠王，猶頃襄王之爲襄王。由是言之，墨子實與楚惠王同時。其仕宋，當景公、昭公之世，其年於孔子差後，或猶及見孔子矣。《藝文志》以爲在孔子後者，是也。《非攻》中篇言知伯以好戰亡，事在春秋後二十七年。又言蔡亡，則爲楚惠王四十二年，墨子並當時及見其事。《非攻》下篇言「今天下好戰之國，齊、晉、楚、越」，又言「唐叔、吕尚邦齊、晉，今與楚、越四分天下」，《節葬》下篇言「諸侯力征，南有楚、越之王，北有齊、晉之君」，明在句踐稱伯之後，《魯問》篇「越王請裂故吴地方五百里，以封墨子」，亦一證。秦獻公未得志之前，全晉之時，三家未分，齊未爲陳氏也。《檀弓》下「季康子之母死，公輸般請以機封」，此事不得其年。季康子之卒，在哀公二十七年，楚惠王以哀公七年即位，般固逮事惠王。《公輸》篇：楚人與越人舟戰於江，公輸子自魯南游楚，作鉤强以備越，亦吴亡後楚與越爲鄰國事。惠王在位五十七年，本書既載其以老辭墨子，則墨子亦壽考人與？《親士》《修身》二篇，其言淳實，與《曾子立事》相表裏，似七十子後學者所述。《經上》至《小取》六篇，當時謂之「墨經」，莊周稱「相里勤之弟子五侯之徒，南方之墨者苦獲、已齒、鄧陵子之屬，以堅白異同之辨相訾，以觭偶不作之辭相應」者也。公孫龍爲平原君客，當趙惠文、孝成二王之世。惠施相魏，當惠、襄二王之世。二子實始爲是學。是時墨子之没久矣，其徒誦之，並非《墨子》本書。《所染》篇亦見《吕氏春秋》，其言宋康染於唐鞅、田不禮。宋康之滅，在楚惠王卒後一百五十七年，墨子蓋嘗見染絲者而歎之，爲墨之學者，增成其説耳。故本篇稱「禽子」，《吕氏春秋》并稱「墨子」。《親士》篇錯入道家言二條，與前後不類，今出而附之篇末。又言吴起之裂。起之裂，以楚悼王二十一年，亦非墨子之所知也。今定其書爲内外二篇，而以其徒之所附著爲雜篇。倣劉向校《晏子春秋》例，輒於篇末述所以進退之意，覽者詳之。

墨子之學，其自言者曰：「國家昏亂，則語之尚賢、尚同；國家貧，則語之節用、節葬；國家喜音沈湎，則語之非樂、非命；國家淫僻無禮，則語之尊天、事鬼；國家務奪侵陵，則語之兼愛、非攻。」此其救世亦多術矣。《備城門》以下，臨敵應變，纖悉周密，斯其所以爲才士與！傳曰：「世之學老子者則絀儒學，儒學亦絀老子。」惟儒、墨則亦然。儒之絀墨子者，孟氏、荀氏。《藝文志》：《董無心》一卷，非墨子。今亡。《孔叢・詰墨》僞書，不數之。荀之《禮論》《樂論》，爲王者治定功成，盛德之事，而墨之《節葬》《非樂》，所以救衰世之敝，其意相反而相成也。若夫兼愛，特墨之一端。然其所謂兼者，欲國家慎其封守，而無虐其鄰之人民畜産也。雖昔先王制爲聘問弔恤之禮，以睦諸侯之邦交者，豈有異哉！彼且以兼愛教天下之爲人子者，使以孝其親，而謂之無父，斯已過矣。後之君子，日習孟子之説，而未覩墨子之本書，衆口交攻，抑又甚焉。世莫不以其誣孔子爲墨子辠。雖然，自儒者言之，孔子之尊，固生民以來所未有矣；自墨者言之，則孔子魯之大夫也，而墨子宋之大夫也，其位相埒，其年又相近，其操術不同，而立言務以求勝，此在諸子百家，莫不如是。是故墨子之誣孔子，猶老子之絀儒學也，歸於不相爲謀而已矣。吾讀其書，惟以三年之喪爲敗男女之交有悖於道。至其述堯舜，陳仁義，禁攻暴，止淫用，感王者之不作，而哀生人之長勤，百世之下，如見其心焉。《詩》所謂「凡民有喪，匍匐救之」之仁人也。其在九流之中，惟儒足與之相抗。自餘諸子，皆非其比。歷觀周、漢之書，凡百餘條，並孔墨、儒墨對舉。楊朱之書，惟貴放逸，當時亦莫之宗，躋之於墨，誠非其倫。自墨子没，其學離而爲三，徒屬充滿天下。吕不韋再稱鉅子，《去私》篇、《尚德》篇。韓非謂之顯學。至楚漢之際而微。《淮南子·氾論訓》。孝武之世猶有傳者，見於司馬談所述，於後遂無聞焉，惜夫！以彼勤生薄死，而務急國家之事，後之從政者，固宜假正議以惡之哉！乾隆上章困敦涂月，選拔貢生江都汪中述。

墨子後序

中既治《墨子》，牽於人事，且作且止。越六年，友人陽湖孫季仇星衍以刊本示余，則巡撫畢侍郎、盧學士咸有事焉。出入群籍，以是正文字，博而能精。中不勞日力於是書，盡通其癥結。且舊文孤學，得二三好古君子，與我同志，於是有三喜焉。既受而卒業，意有未盡，乃爲後序，以復於季仇曰：

季仇謂墨子之學出於禹，其論偉矣。非獨禽滑釐有是言也，莊周之書則亦道之，曰：「不以自苦爲極者，非禹之道。」是皆謂墨之道與禹同耳，非謂其出於禹也。昔在成周，禮器大備，凡古之道術，皆設官以掌之。官失其業，九流以興。於是各執其一術以爲學，諱其所從出，而託於上古神聖，以爲名高。不曰神農，則曰黄帝。墨子質實，未嘗援人以自重，其則古昔，稱先王，言堯舜禹湯文武者六，言禹湯文武者四，言文王者三，而未嘗專及禹。墨子固非儒而不非周也，又不言其學之出於禹也。公孟謂君子必古言服然後仁。墨子既非之，而曰：「子法周而未法夏，則子之古非古也。」此因其所好而激之，且屬之「言服」，甚明而易曉。然則謂墨子背周而從夏者，非也。惟夫墨離爲三，取舍相反，倍譎不同，自謂別墨，然後託於禹以尊其術，而淮南著之書爾。

雖然，謂墨子之學出於禹，未害也。謂禹制三月之喪，則尸子之誤也。從而信之，非也。何以明其然也？古者喪期無數。黄帝、堯、舜，垂衣裳而天下治，則五服精粗之制立矣。放勳殂落，百姓如喪考妣，其可見者也。夏后氏三年之喪，既殯而致事，則夏之爲父三年矣。禹崩，三年之喪畢，益避禹之子於箕山之陰，則夏之爲君三年矣。從是觀之，它服術可知也。士喪禮自小斂奠、大斂奠、朔月半薦遣奠、大遣奠，皆用夏祝。使夏后氏制喪三月，祝豈能習其禮以贊周人三年之喪哉！若夫陵死葬陵，澤死葬澤，此爲天下大水、不能具禮者言之也。荒政殺哀，周何嘗不因於夏禮以聚萬民哉！行有死人，尚或殣之，此節葬也。斂首足形，還葬而無椁，此又節葬也，豈可執是以言周禮哉！若然，夏不節喪，史佚固節喪與？夫下殤墓遠，棺斂於宮中，召公爲言於周公而後行之，若是其篤終也。先王制禮，其敢有不至者哉！墨子者，蓋學焉而自爲其道者也。故其《節葬》曰：「聖王制爲節葬之法。」又曰：「墨子制爲節葬之法。」則謂墨子自制者，是也。故曰：「墨之治喪，以薄爲其道。」《孟子·滕文公》篇。

曰：「墨子生不歌，死不服，桐棺三寸而無槨，以爲法式。」《莊子・天下》篇。曰：「墨者之葬也，冬日冬服，夏日夏服，桐棺三寸，服喪三月。」《韓非子・顯學》篇。使夏后氏有是制，三子者不以之蔽墨子矣。

賈誼新書序

《新書》五十八篇，漢梁太傅洛陽賈誼撰。今亡一篇。校本傳自「凡人之知」至「胡不引殷周秦事以觀之也」四百三十四字，書亡其文，據以補之。《問孝》《禮容語上》二篇，有録亡書。《藝文志》但云「賈誼」，稱「新書」者，劉向校録所加。《荀卿子》稱「荀卿新書」，見於楊倞之序，是其證也。《過秦》三篇，本書題下亡「論」字，《陳涉項籍傳》論引此，應劭注云「賈誼書之首篇也」，足明篇之非論。《吴志・闞稜傳》始目爲論，左思、昭明太子並沿其文，誤也。自《數寧》至《輔佐》三十三篇，皆陳政事。按《鼂錯傳》錯言宜削諸侯事及法令可更定者，書凡三十篇，則知當日封事，事各一篇，合爲一書，固有其體。班氏約其文，而分載之本傳、《食貨志》爾。其指事類情，優游詳鬯，或不及本書。自《春秋》至《君道》，皆國中失之事。自《官人》至《大政》，皆通論；《修政》上下，皆重言也。三古之遺緒，託以傳焉。《容經》以下，則皆古禮逸篇與其義，舊本編録亡次第。今略以意屬之，定爲六卷。題下有「事勢」、有「連語」，有「雜事」，與管子書同例，今亦仍之。別爲年表一篇，俾覽者詳焉。

《經典序録》所次，本劉向《別録》，其敘《左氏傳》云：「荀卿授陽武張蒼，蒼授洛陽賈誼。」然則生固荀氏再傳弟子也，故其學長於禮。其所陳立諸侯王制度，教太子，敬大臣，皆先王之成法，周公舊典，仲尼之志。蓋《春秋》經世之學在焉。是故備物典策，國所與立，君舉必書，以詔後世。《春秋》者，秉周禮而謹其變者也。吾於荀氏、賈氏之言禮也，益信劉子駿稱「漢朝之儒，惟賈生而已」，豈虚也哉！

其書述《左氏》事，止《禮容》篇叔孫昭子一條；《先醒》篇言宋昭公出亡而復位，號君出走，其御進酒食，及枕土而死，《耳痺》篇言子胥何籠而自投於江，《諭誠》篇言楚昭王以當房之德復國，皆不合《左氏》。《審微》篇言晉文公請隧，叔孫于奚救孫桓子，《春秋》篇言衛懿公喜鶴而亡其國，《先醒》篇言楚莊王與晉人戰於兩棠，會諸侯於漢陽，申天子之禁，皆與《左氏》異同。其時經之授受，不箸竹帛，解詁屬讀，率皆口學。其有故書雅記，異人之聞，則亦依事枚舉，取足以明教而已。《禮》篇、《君道》篇説《詩・騶虞》《鴛鴦》《靈臺》《皇矣》《旱麓》，均非毛義。於時三家之學未立，故秦時老師大儒，猶有存者。師友所承，不可盡知。使得是千百説而通之，豈復有末師之陋哉！

於乎！漢世慕尚經術，史氏稱其緣飾。故公卿或持禄保位，被阿諛之譏；博士講授之師，僅僅方幅自守，文吏又一切取勝。蓋仲尼既没，六藝之學，其卓然箸於世用者，賈生也。傳曰「稱先王」，《詩》曰「秩秩大猷，聖人莫之」，賈生有焉。班氏敘梁捍吴、楚，及淮南四子之敗，於其經國體遠，既明列其功，而不詳其學之所本，是以表而出之。若夫五餌三表，秦穆用之，遂伯西戎，而中行説亦以戒匈奴，則既有徵矣。謂之爲疏，斯一隅之見也。

漢世是書盛行於世。司馬遷、劉向箸書，動見稱述。孝昭通《保傅傳》，則當時以教胄子。《傅職》

《保傅》《連語》《輔佐》《胎教》，戴德采之。《禮》篇之文，載在《曲禮》。今二書並尊爲經，而是書傳習蓋寡。道之行廢，豈命也與！《藝文志》賦七篇，今見《弔屈原》《惜誓》《服賦》《旱雲賦》《簴賦》，蔚爲辭宗，賦頌之首，可謂多材矣。録而附之，亦《成相》《賦篇》意也。

乾隆屠維大淵獻且月，江都汪中述。

年表

紀年	時政	出處
高帝七年		生。
八年		
九年		
十年		
十一年		
十二年		
孝惠元年		

二年			
三年			
四年			
五年			
六年			
七年			
高后元年			
二年			
三年			
四年			
五年	十八歲		以能誦《詩》《書》、屬文稱於郡中，河南守吴公召置門下。
六年	十九歲		
七年	二十歲		
八年	二十一歲	淮南丞相張蒼爲御史大夫。	
孝文元年	二十二歲	徵河南守吴公爲廷尉。	召爲博士，超遷太中大夫。

二年	二十三歲	帝親耕藉田，賜天下田租之半。　立皇子武爲代王，参爲太原王，揖爲梁王。　按文三王之立，本紀在二年，傳在三年，代王武徙爲淮陽王，本紀在三年，傳在四年。　紀據下詔之日，傳據到國之日也。	爲長沙王傅。　爲賦弔屈原。
三年	二十四歲	淮南王長殺辟陽侯審食其。　匈奴入居北地、河南爲寇。　濟北王興居反。　代王武徙爲淮陽王。　太原王参徙爲代王，并得太原都晉陽如故。	
四年	二十五歲	絳侯周勃逮詣廷尉詔獄，卒復爵邑。　御史大夫張蒼爲丞相。	
五年	二十六歲	除盜鑄錢令。	作《鵩鳥賦》。
六年	二十七歲	梁懷王入朝。	徵拜梁懷王太傅。　諫使民放鑄。
七年	二十八歲		
八年	二十九歲	封淮南厲王長子四人爲列侯。	諫接王淮南諸子。
九年	三十歲		
十年	三十一歲		
十一年	三十二歲	六月，梁懷王入朝，墜馬死。	

十二年	三十三歲	徙淮陽王武爲梁王。徙城陽王喜爲淮南王。	卒。

右按本傳云：梁王勝墜馬死，誼後歲餘亦死。賈生之死，年三十三矣。梁懷王之死，本紀在十一年，表云十年，參其前後，以紀爲正。則賈生之卒，在十二年，其生在高帝之七年也。文帝初立，以吴公爲廷尉，吴公薦誼爲博士，是時生年二十二，故傳云「年二十餘」也。《經典序録》云：《左氏傳》，陽武張蒼授洛陽賈誼。據《百官公卿表》，蒼於高后八年，由淮南丞相入爲御史大夫，明年而文帝即位。賈生受學於蒼，必在其時矣。傳云「誼爲長沙傅三年，有服飛入誼舍」。其賦曰「單閼之歲」。按《史記·曆書》，太初元年焉逢攝提格，上推孝文五年，是爲昭陽單閼。賈生以孝文元年爲博士，歲中超遷至大中大夫，旋出爲長沙王傅，至是適得三年。傳云：後歲餘，文帝思誼，徵之，至，拜爲梁懷王太傅。則當爲六年事。其年王入朝。十一年，再入朝。則賈生自六年以後，皆在梁，其陳政事及諫王淮南王諸子，並當此時。《哀帝紀》：「令，諸侯王朝，得從其國二千石。傳、相、中尉皆國二千石。」懷王朝，則賈生當從至京師。王薨，亡子，國除，則王國官省可知。而賈生方上書請益封梁淮陽，則是以故二千石留長安也。

石鼓文證

孫星衍編修以石鼓文爲宇文周時物，謂《周書》本紀數書「狩于岐陽」可據，中請證之。《周書・太祖本紀》：「魏大統十一年，西狩岐陽。」「十三年，太祖奉魏帝西狩于岐陽。」《高祖紀》：「保定元年，狩于岐陽。」「天和三年，行幸岐陽。」有此四事。今檢《後漢書・鄧騭傳》：「遭元二之災。」注：「元二，即元元也。古書字當再讀者，即于上字之下，爲小『二』字，言此字當兩度言之。今岐州石鼓銘，凡重言者皆爲『二』字，明驗也。」詳此注之意，緣石鼓是三代之物，故取以釋漢事，而以「古書」發其凡。若使石鼓製自宇文，則是以後證前，雖愚者不出於此。章懷太子與後周耳目相接，張大安諸人均有文學，無容不知，一證也。

《元和郡縣志》引吏部侍郎蘇勖之言曰：「史籀之迹，近在關中，岐陽石鼓是也。虞、褚、歐陽共稱其古妙。」按褚遂良年輩差後，今不具論。歐陽詢，傳云年八十餘卒，既不明箸其數，且不知卒以何年，攷古者亦無從措意。惟虞世南以貞觀十二年卒，年八十一，則以陳高祖永定二年生，實當周世宗之二年。洎陳滅入隋，世南年三十一矣。是時周之亡才九年，上距岐陽之狩，遠者四十四年，次四十二年，次二十八年，又次二十一年。使石鼓立于後周，則是甫經脱手之物，以世南之博物精鑒，豈得妄以爲史籀筆迹，而歎其古妙！傳曰：「以今視古，古猶今也。」今之爲篆者，有王澍給事中。中生十歲，而給事猶存。然中見給事之篆，固不以爲李陽冰、党懷英也。且歐陽及褚，何以與之闇合？二證也。

周太祖割據關隴，軍國多虞，未皇文教。其時文士，惟有冀儁、趙文淵。及平江陵，始得王褒。褒、儁之書，今不傳於世。文淵于碑牓，是其所長。所書《驪山温泉頌》石刻，見存其篆額，筆法凡劣，又不合六書，以視石鼓文，豈止霄壤！使石鼓出自宇文之世，究是何人所書，豈得寂爾無聞？三證也。

或謂周世蘇綽嘗仿《尚書》作《大誥》，則石鼓仿小、大二雅，理固宜然。然史稱綽穅秕魏晉，憲章虞夏，雖屬辭有師古之美，矯枉非適時之用，故莫能常行焉。據武成元年五月戊子詔書，已變其格。又世宗幸同州，過故宫詩載于本紀，猶是當時之體，未嘗刻意摹古。若以爲出自綽手，則蘇勖者綽之曾孫，豈宜數典忘祖，而遠傅之史籀？四證也。

《太祖本紀》：「大統十四年，奉魏太子巡撫西竟，自新平出安定，刻石紀事。」則刻石載于本紀矣。若石鼓爲當時所刻，何以但書「狩于岐陽」，不書「刻石」？五證也。

編修之言，本於馬定國。馬定國之説，今不得其詳。編修既有斯疑，同人或多信之，謹就其言辨之如此。若其文字淳古，百世之下，猶見倉、史制作遺意，好學深思之士，當自得之，今不備論也。

廣陵曲江證

枚乘《七發》：「將以八月之望，與諸侯遠方交游兄弟，並往觀濤乎廣陵之曲江。」廣陵，漢縣，今爲甘泉及天長之南竟。江，北江也。本篇李善注引山謙之《南徐州記》：「京江，《禹貢》北江。春秋分朔，輒有大濤至江，乘北激赤岸，尤更迅猛。」《南齊書・地理志》：「南兖州廣陵郡，土甚平曠。刺史每以秋月多出海陵觀濤，與京口對岸，江之壯闊處也。」二文並明覈可據。本篇「淩赤岸，篲扶桑」，李善因「扶桑」之文，并「赤岸」疑在遠方。然郭璞《江賦》「鼓洪濤於赤岸，淪餘波於柴桑」，正承用《七發》文，則《七發》「扶桑」當作「柴桑」，字之誤也。今潮猶至湖口之小孤山而回，目驗可知。《江賦》注：「赤岸在廣陵輿縣。」《寰宇記》：「赤岸山在六合東三十里，高十二丈，周四里，土色皆赤，因名。」顧祖禹《方輿紀要》引《南兖州記》：「潮水自海門入，衝激六七百里，至此其勢始衰。郭璞《江賦》所謂『鼓洪濤於赤岸』也。」今按：此山府縣志所載，土俗所稱，均無異議。故曲江之爲北江，非孤證矣。

往者吾鄉越閭辰六以「廣陵濤」榜其齋閤，秀水朱檢討與書争之，以爲《七發》所云在錢唐，其言實謬。檢討所據者，本篇「弭節伍子之山，通厲骨母之場」。依注以「骨母」爲「胥母」之譌，而不言二地所在。又節酈氏《水經・漸江》篇注以爲證。不知越之北竟，至今之石門浙江，非吴地。故《越語》句踐之地，北至禦兒。韋昭注：「今嘉興語兒鄉也。」《吴語》大夫種謀伐吴，曰：「吾用禦兒臨之。」韋昭注「禦兒，越北鄙，在今嘉興」是也。《爾雅・釋地》「吴越之間有具區」，其言審矣。于時戰地並在今蘇州、嘉興二府之竟。故《春秋》定公十四年，「於越敗吴于檇李」，杜預注：「吴郡嘉興縣南醉李城。」傳：「吴伐越，越子句踐禦之，陳于檇李。」又闔廬還，「卒于陘，去檇李七里」。哀公元年《傳》：「吴王夫差敗越于夫椒。」注：「吴郡吴縣西南，太湖中椒山。」《越語》「句踐即位三年，興師伐吴，戰於五湖不勝」是也。吴越交兵凡三十二年，内外傳所謂江，並吴江也。故《春秋》哀公十七年《傳》：「越子伐吴，吴子禦之笠澤，夾水而陳。」《吴語》「越王句踐乃率中軍泝江以襲吴，入其郛」，韋昭注：「江，吴江也。」又「吴王起師于江北，越王軍于江南」，韋昭注：「江，松江，去吴五十里。」是也。吴殺子胥，投其尸於江，亦吴江也。《七發》注引《史記》：「吴王殺子胥，投之于江，吴人立祠於江上，因名胥母山。」《史記·伍子胥列傳》：「吴王取子胥尸，盛以鴟夷革，浮之江中。吴人憐之，爲立祠于江上。」張晏曰：「胥山在太湖邊，去江不遠百里，故云江上。」正義引《吴地記》曰：「越軍于蘇州東南三十里，又向下三里，臨江北岸立壇，殺白馬祭子胥，杯動酒乾盡，後立廟于此江上。」《吴太伯世家》正義引《吴俗傳》「子胥亡後，越從松江北開渠至横山東北，築城伐吴。子胥乃與越軍夢，令從東南入，破吴。越王即移向三江口岸，立壇，殺白馬祭子胥。杯動酒乾盡，越乃開渠。子胥作濤蕩羅城，東開，入滅吴。至今號曰示浦，門曰鱔鮃」是也。吴投子胥之尸，豈有舍其本國南竟五十里之吴江，乃入鄰國三百餘里，投之浙江哉！然則伍子之山，胥母之場，固與浙江無涉，不得引以爲證。《吴越春秋》：「句踐殺大夫種，葬于國之西山。一年，伍子胥從海上穿山脅而持種去，與之俱浮於海。故前潮水揚波者子胥，後重水者大夫種也。」其言固誕，然但言海潮，而不言浙江也。《論衡·書虚》篇：吴王殺子胥，投之江，子胥恚恨，驅水爲濤，以溺殺人。今時會稽、丹徒大江，錢唐浙江，皆立子胥之廟，蓋欲慰其恨心，止其怒濤也。二江並祭子胥，乃在東漢之世。《水經·淮水》篇注引應劭《風俗記》：「江都縣有江水祠，俗謂之伍相廟也。子胥但配食爾。歲三祭，與五岳同。」子胥之配食大江，是惟命祀。《漸江》篇注據《吴越春秋》，以《七發》所云專屬之浙江，則誤矣。

檢討又云：「曾鞏序《鑑湖圖》，有所謂廣陵斗門者，在今山陰縣西六十里，去浙江不遠。」今以其地準之，實在浙江之東，自吴至浙，不經其地，且係堰牐小名，何取於是，而以之冠曲江之上哉！是時吴王濞都廣陵，北江在國門之外，故强太子往觀之。若踰越江湖千二百里，以至浙江，則病未能也。

檢討又云：「江都之更名廣陵，在元狩三年。時乘已卒，不應先見之於文。」則尤謬。《史記·五宗世家》：「江都王建自殺，國除，地入於漢，爲廣陵郡。」據《漢書·諸侯王表》《地理志》，並在元狩二年。其時所更名者，廣陵郡也。而廣陵郡自有廣陵縣，爲郡治，爲吴、江都、廣陵三國都，其名則在楚、在秦、在荆、在吴、在江都皆有之。故《史記·六國表》：「楚懷王十年，城廣陵。」《項羽本紀》：「廣陵人召平，于是爲陳王徇廣陵。」《樊酈滕灌列傳》：「灌嬰度淮，盡降其城邑，至廣陵。」《吴王濞列傳》：「孝景前三年正月甲子，初起兵于廣陵。」不得謂元狩三年之前無廣陵之名也。漢所置郡國，若弘農、陳留、平原、千乘、丹陽、桂陽、零陵、武都、安定、朔方，皆取縣名名郡；廣平、真定、信都、廣陽、高密，皆取縣名名國。此例甚多。故江都之爲國，廣陵之爲郡、爲國，皆以縣也。檢討不根持論，雖越俗好鬼、錢唐廣陵侯之淫祀、舉子所業、元人錢惟善之試卷，皆備舉之，而于經史正文，反屏而不觀。及一引《漢書》，而其謬若是，亦後學之大戒已。

至廣陵城本在蜀岡上，邗溝環其東南，江即在其外，故《水經·淮水》篇注云：「昔吴將伐齊，自廣陵城東南築邗城，城下掘深溝，謂之韓江，亦曰邗溟溝。」今自廣陵驛而北，爲舊城之市河，北至堡城，折而東至黄金垻，會于運河，是其故趾，自此入淮，一名中瀆水。故云「中瀆水首受江於廣陵郡之江都縣，縣城臨江」是也。晉以後，江益徙而南，故《沔水》篇注云「毘陵縣丹徒北二百步有故城，舊去江三里。岸稍毁，遂至城下。城北有揚州刺史劉繇墓，淪於江」是也。今揚州城外運河，唐王播所開，事見播傳。其時江猶至於揚子橋。而東關以外，在漢則江湍也。然則城東小水之稱廣陵濤，固非無據也。

凡檢討所云，惟《水經注》承酈氏之誤，其餘無一是者。恐後人習謬而不知，故爲正之。

述學　外篇一

江都汪中撰

京口建浮橋議

《爾雅》：「天子造舟。」郭璞謂「比船爲橋」，即今之浮橋也。川之大者，若河、渭、洛，皆有浮橋。其建于大江者，漢建安二十五年，夏侯尚爲浮橋，以攻南郡。唐乾寧四年，朱友恭爲浮橋于樊港，以攻武昌。宋開寶二年，曹彬爲浮橋于采石，以攻江南。元至元九年，伯顏爲浮橋于石簞，以攻宋。前史具載之。今京口之渡，自瓜州至金山，一里三分，自金山至簞灣半之，于江津爲最狹。若南北造浮橋二道，交會于金山，行旅往來，如在枕上，此百世之利也。昔杜預請建浮橋于河陽，議者咸以爲古無此事，預卒成之，至唐猶賴其利。近世李敏達公于鄞縣甬江造浮橋，至今稱便。有非常之事，必待非常之人，道固然爾。

廣陵對

乾隆五十二年正月，中謁大興朱侍郎于錢塘。侍郎謂中曰：「余先世籍蕭山，本會稽地。今適奉使于此，嘗覽朱育對濮陽興語，憙其該洽，度後之人不能也。吾子咨于故實，而多識前言往行，亦可以廣陵之事諗余乎？」對曰：「中幼而失怙，未更父兄之訓；長游四方，又有昏瞀之疾。故書雅記，十不闚一，何足以酬明問？抑聞不知而言，不知；知而不言，不忠。二者，中之所不敢出也。

「昔者黄帝迎日推筴，分天以爲十有二次。南斗牽牛，是爲星紀，七政會焉。布算者於是乎託始，而後歲月日時，咸得其序。揚州之域，是其分野。自漢以來，或治歷陽，或治壽春，或治建業，而廣陵卒專其名，其占應之。昆侖之山，寔維西極，河出其北，江出其南。自麗江至于高闕，其距八千里，萬折而東，夾廣陵以入于海，而邗溝貫之，江河於是乎合焉。于辰爲維首，于水爲歸墟。故廣陵者，天地之所以成始而成終也。竊嘗求之人事，稽其善敗之迹，比于矇誦，其庶幾乎！

「夫秦滅六國，楚最無辠。當陳王首事而死，楚地之衆，未有所屬。其有矯命項氏，引兵渡江，以争天下，遂戰鉅鹿，西屠咸陽，則召平首建大謀，以報秦仇也。漢室傾危，董卓干紀，百城拊心，莫敢先發。其有區區郡吏，無爵于朝，而義感邦君，結盟討辠，升壇慷慨，必死爲期，則臧洪説張超起兵，糾合牧守以誅賊臣也。祖約、蘇峻稱兵犯闕，幼主幽厄，京師塗炭。其有固守孤壘，大誓三軍，力遏賊衝，以保東土，西師乘之，遂殄狂寇，則郗鑒董率義旅，犄角上游，以匡晉室也。桓玄負雄豪之名，藉累世之資，挾荆州之衆，乘晉道中衰，本末俱弱，易姓受命，人無異心。其有手梟逆徒，協謀京口，既克建康，偏師獨進，凶族盡夷，乘輿反正，祀晉配天，不失舊物，則劉毅舉州兵以平桓氏，光復大業也。侯景反噬，二宫在難，諸鎮不務徇君父之急，而日尋干戈，甚者望風請命，委身賊手。其有居圍城之中，無謀人軍師之責，而唱義勤王，有死無二，則祖晧、來嶷襲斬董紹先，馳檄討景，爲梁忠臣也。武氏淫虐，人倫道盡，臨朝稱制，唐祚將傾。其有控引江淮，奉辭討賊，功雖不成，其所披洩，亦足伸大義於天下，則徐敬業舉兵匡復，殺身亡宗，以酬國恩也。且夫武氏之立，勣實贊之，敬業既心在王室，又以蓋前人之愆，忠孝存焉。」

侍郎曰：「敬業不直趨洛陽，而覬金陵王氣，固忠臣與？」中曰：「兵者凶器。當唐全盛之時，武氏積威所劫，海内莫不聽命。敬業舉烏合之衆，起而與之抗，故欲掃定江表，厚集其力，先爲不可勝，以待敵之可勝。發謀之始，義形于色。握兵日淺，未有不臣之迹，安可逆料其心而備責之哉！《春秋》賢反經禮，毋測未至。推斯義也，雖與日月争光可也。」侍郎曰：「善。願卒聞之。」

曰：「藝祖擢自行閒，典兵宿衛，受周厚恩，幸主少國疑，倒戈自立。其有前代懿親，不樂身事二姓，繕兵守竟，城孤援絶，舉族徇之，則李重進以淮南拒命，握節而死，下見世宗也。宋氏積衰，元兵南伐，勢若摧枯，列郡土崩，不降則潰。其有孤城介立，血戰經年，洎行在失守，三宫北遷，而焚詔斬使，勇氣彌厲，忠盛于張巡，守堅于墨翟，則李庭芝乘城百戰，國亡與亡也。當明季世，流寇滔天，南都草剏，姦人在朝，方鎮擅命，國勢殆哉，不可爲矣。其有上匡闇主，下撫驕將，内攬群策，督師開禮賢館，士多歸之。外抗天兵，鞠躬盡力，死而後已，則史可法效命封疆，終爲社稷臣也。故以廣陵一城之地，天下無事，則鬻海爲鹽，使萬民食其業，上輸少府，以寬農畝之力，及川渠所轉，百貨通焉，利盡四海。一旦有變，進則翼戴天子，立桓、文之功；退則保據州土，力圖興復。不幸天長喪亂，知勇俱困，猶復與民守之，效死勿去，以明爲人臣之義。歷十有八姓，二千餘年，而亡城降子，不出于其閒。由是言之，廣陵何負于天下哉！」

侍郎曰：「卓哉言乎！昔陳郡袁氏，世有死節之臣，矜其門地，不與人伍。今聞吾子之言，天下百郡，洵無若廣陵者。後之過者，式其城焉可也。抑聞之，危事不可以爲安，死事不可以爲生，則無爲貴知矣。此數君子者，劉毅材武，故有戰功；郗公名德，雍容而已。自祖晧以下，敗亡接踵。意川土平曠，非用武之地與？其民脆弱，不可以即戎與？若其建名立義，類多守土之臣。又虞翻所謂外來之君，非其土人者也。子其有以語我。」中曰：「蔡澤有言：人之立功，豈不期于成全邪？身與名俱全者，上也；名可法而身死者，其次也；名在僇辱而身全者，下也。必若所言，求之前代，功成名遂，抑有人焉。孫策用兵，仿佛項羽，既定江東，威震海内。舉十倍之衆，叩城請戰，陳登出奇制勝，再破其軍。由是畫江以守，吴雖西畧，而北不益地尺寸，則匡琦之戰爲之也。金人乘百戰百勝之勢，挾齊南下，其鋒不可當。韓世忠要之半塗，多所俘馘。諸將用命，同時奏功。戰勝之威，民氣百倍。由是開府山陽，屹爲重鎮，而淮東久不被兵，則大儀之戰爲之也。李全聯京東以爲餌，通蒙古以爲窟，屢賊帥臣，厚索稟賜，乍服乍叛，十有六年。朝廷姑息，有似養虎。既連陷州縣，進薄三城，太清之禍，近在旦夕。趙葵建議討賊，身肩其事，輕兵迭出，所向有功。由是長鯨授首，餘寇悉平，迅掃淮壖，復爲王土，敵國寢謀，宗社再安，則新塘之戰爲之也。三者，保竟卻敵之功至壯也，非地不利人不勇也。苻堅强盛，禹迹所奄，九州有其七。傾國南侵，目無晉矣。謝玄以北府之兵，選鋒陷陳，使數十萬之衆，應時崩摧，秦因以亡。由是再復洛陽，進軍臨鄴，國威中振，尊謚曰『武』，則淝水之戰爲之也。開皇始議平陳，賀若弼獻其十策。已而潛師濟江，據其要害，直抵近郊。于時建康甲士，尚十餘萬人，魯達忠勇，人有死心。而弼力戰摧鋒，破其鋭卒，禽其驍將，由是陳諸軍皆潰。新林之師，鼓行而進，江左以平，則白土岡之戰爲之也。朱温雄踞大梁，并吞諸鎮，悉其精兵猛將，三道臨淮。當是時，淮南不守，錢氏、馬氏必不能自立。温之兵力，極于嶺海，地廣財富，則難圖也。楊行密、朱瑾決計攻瑕，梟其上將，偏敗衆攜，長驅逐北。由是保據江淮，奉唐正朔，闢土傳世，終梁之亡，不能得志于吴，則清口之戰爲之也。夫晉之與秦，吴之與梁，皆非敵也。然舉一國之命，決機于兩陳之間，小則兵敗將死，大則國亡若是矣。又況南北區分，垂三百年，一戰而天下合于一，以此行師，其孰能禦之？《詩》曰：『武王載旆，有虔秉鉞，如火烈烈，則莫我敢曷。』廣陵有焉。

「若夫異人間出，邦家之光，前之所陳，固猶未盡。爲其事之不繫于廣陵也，則請備言之。桓、靈之際，常侍擅朝，朝野切齒。劉瑜以宗室明經，身侍禁闥，協心陳、竇，議誅宦官。仰觀天文，俾其速斷，謀之具違，并隕其族，而漢業亦衰。同姓之臣，與國升降，屈平之志也。王敦專制朝政，有無君之心，戴淵忠諒，盡心翼衛。及戎車犯順，石頭失守，雖偪凶威，抗辭不撓，主辱臣死，卒蒙其難。正色立朝，人莫敢過而致難于其君，孔父之義也。武氏始以色升，浸成驕横。來濟諫之，上官儀謀廢之，納君於善，繼之以死，比干之仁也。龐勛既陷武寧，泗爲巡屬，又當長淮之衝，在所必爭。辛讜出萬死不顧一生之計，冒圍求救，往反十二。是時賊兵北及泰山，南至横江，主帥既戕，官軍屢衄，而肘腋之下，一城獨完，苦身愁思以憂社稷，申包胥之哭也。黃巢豨突京師，僭稱大號。乘輿播于遐裔，群盜蠭起，跨州連郡。唐之政令，不復行于四方。當此之時，天命去矣。王鐸連十道之兵，總九伐之任，承制封拜，以繫海内之心。王師既奮，賊遂走死，而唐祚之復延者，且三十年。二相干位，諸侯宗周，共和之政也。宋氏武功不競，西夏跳梁，宇内騷然，當宁旰食。張方平建議，赦其辠而與之更始。由是元昊請臣，而中國之民，得以休息。及熙寧用兵，再進苦口，謀臣不忠，遂成靈州永樂之禍，而神宗以此飲恨而終。王者務德，而無勤民于遠，祭公謀父之諫也。故廣陵自周以前，越在荒服，其時人士，未聞于上國。秦漢而下，始有可紀。然當三代盛時，忠臣烈士之行事，所震燿于天壤者，先民有作，舉足以當之，此亦才之至盛已。至若政事法理，經緯乎民生，文學道藝，立言不朽，里閭耆德，孝子貞婦，一至之行，蓋以千百計。非國家之所以廢興存亡者，則皆畧之。考其事迹則如彼，語其人才則如此。『維桑與梓，必恭敬止』，故君子尤樂道焉，夫子詳之。」

侍郎曰：「善乎，子之張廣陵也！辭富而事覈，可謂有徵矣。古者誦訓之官，掌道方志，以詔觀事，王巡狩則夾王車，故曰：『山川能説，可以爲大夫。』吾子其選也。朱育之對，何足以當之！」中謝不敏，退而發篋，謹録爲是篇。

表忠祠碑文并序

維乾隆四十一年正月己卯，皇帝永念故明建文革除之際，諸臣守不戴天之義，隕身湛族，百折不回；當明中葉，雖少弛厲禁，終以臣子曲諱，使忠臣義士之氣不伸。爰命廷臣迹行議謚，以發幽光。于是廷議爲專謚、通謚之典，其以靖難死者，得謚凡一百某十人，俾有司各祀于其鄉。有失其里居者，則于其授命所。而臣某適典江寧，府治西故有祠曰「表忠」，明萬曆四年勅建，祀太師魏國公徐輝祖、文學博士方孝孺以下一百一十四人，積歲而圮。某奉宣詔書，懼秩祀之不修，使神靈怨恫，無以稱朝廷式閭封墓之德，用率官屬士民，因舊基而廓之。役不踰時，所費爲銀五百六十八兩。又醵銀二百兩，權子母以共祀事。維諸公或舉宗就夷，孤傷無所血食，而是爲其授命地，既應令典，又協于因國無主後之義，用屬臣中爲文，刊石紀之。辭曰：

在明二世，孝孫嗣服。有叛曰燕，盜我王國。臣無二心，天實制之。謀人軍師，敗則死之。社稷可遷，君也則亡。孰是仇讎，可與並生？于殄厥身，于覆厥家。君獲死臣，其德不瑕。匹夫有志，莫予敢阻。咨爾亂臣，威虐斯沮。仇牧隕首，孔父正色。九宗五正，匪躬在昔。矧矣開創，報禮則重。以我忠腸，遘兹創痛。亦有冥鴻，山澤徘徊。浩然悲歌，用抒國哀。凡此藎臣，人惟自靖。身之不恤，榮名孰倖？運徂代往，改厥朝列。黃河白日，風期不滅。皇帝稽古，眷焉發策。涣是德音，以薦毅魄。祠官丕承，奔走蹌蹌。有寢有堂，式彼舊章。鍾山東顧，興作雲雨。朝日夕月，照臨我宇。冶城緜蕝，會朝所肄。玉佩華裾，明靈攸娭。祀不一族，類以同德。昭格不違，甘我飲食。天子教忠，萬世維服。翼翼齋宮，人臣之鵠。

大清故高郵州學生賈君之銘并序

君諱田祖，字稻孫，先世北平人。十四世祖愚，以從明成祖靖難功，官高郵指揮司僉事。子孫襲官，因家其地。祖良璧，舉人。父兆鳳，翰林院檢討。

君好學，多所涉獵。喜《左氏春秋》，未嘗去手。旁行斜上，朱墨爛然。善爲詩，所作凡三千餘篇，發言深摯，哀樂過人。性明達，於釋老神怪陰陽拘忌及宋以後禪學無所惑。❶伯兄有痼疾，喜怒失中，君事之，曲得其欲。矜立名節，猛志疾邪，少所容貸。及其所善，窮鄉末學，一節之美，終身咨誦，不可弭忘。與同里李惇、王念孫友，三人皆善飲。酒酣，君輒鉤析經疑，閒以歌詩，往牒舊聞，汎演旁出，嘲噱風生，戲而不虐。洎夫述先正之明清，傷末俗之流失，聲情激烈，恆蓋其坐人。故君雖窮老而志不衰。乾隆四十二年，君試於泰州。五月乙亥，一宿而卒。琴瑟方御，弔者在門。逆旅桐棺，視不受含，斯生人之極哀已！

君生十三歲而入於州學，既久始食其廩膳。其没也，年六十有四。葬在神居山某原，祔於先人，禮也。妻陳氏，食貧味道，雅志夙諧，先君即世，今則同穴。子載。銘曰：

---

❶「宋以後禪學」，原本此五字闕空，據《重印江都汪氏叢書》本補。《粤雅堂叢書》本此五字作「宋諸儒道學」。

於穆賈君，實惟固窮。鑒於前言，以澤爾躬。北風蕭蕭，平地雪尺。饑人在牀，歌出金石。駕我朱轓，婆娑樂神。矯矯危言，正彼淫昏。心則亡疚，名以不揚。幽宮永夜，鬱此剛腸。小同蒙穉，西華淪落。家風遂隕，遺書罕託。善其何勸，天亦難知。我銘樂石，惟亡愧辭。

大清誥授通議大夫湖北提刑按察使司按察使兼管驛傳馮君碑銘并序

君諱廷丞，字均弼。其先畢公高之後，食采馮城，因而命氏。世遠失其譜系。明成化中，壽光馮盛以軍隸振武衛，遂家代州。五傳至明期領鄉薦，其族始顯。皇朝曰如京，廣東布政使司左布政使，子曰雲驌，禮科給事中，爲君高祖。曰壅，南寧府同知，爲君曾祖。曰光裕，都察院右副都御史，巡撫湖南，爲君祖。曰祁，翰林院編修，爲君父。馮氏以文學起家，至君凡十一世，立朝涖官，咸有名績。家法謹嚴，爲北方所重。

君既冠舉於鄉，乾隆二十一年，由蔭生授光禄寺署正。君儀觀温雅，造次必於禮法。嘗引見，上望其舉止，喜曰：「是舊家子弟。」丁父憂去官。君自以有禄於朝，乃盡以遺産與諸弟，而獨任喪葬之事。服闋，補故官。官閒少事，因得肆力於學。與大興朱學士筠及其弟侍郎珪、嘉定錢少詹事大昕、青浦王按察使昶、歙程編修晉芳、桐鄉汪舍人孟鋗，以名節相矜尚，文章議論，咸緼藉有根柢。是時諸人皆卑官，其後仕宦，或顯或不顯，天下稱名德焉。君多識史事，尤精於地理。自《禹貢》以下，川瀆異同，都邑沿革，口講手畫，昭然如覩。丹黄累篋，老而益勤。然不喜著書，自娱而已。

差監通州本裕倉，有善政。既受代吏人，往來京師更十餘年，參謁惟謹。遷大理寺寺丞。故事，大理於三法司主平反，刑部權日重，大理不得舉其職。君在官，於罪名出入，數有糾駁。刑部諸司皆怒，而大學士劉文正兼刑部尚書獨心善焉。未幾，遷刑部廣西司員外郎。既謁文正，文正傾心禮遇，事無大小，悉以咨之。踰年，遷廣東司郎中。君公廉，不受請託，然用法持平，多所矜恕。是時文正方得政，所奏請無不當，故君得行其志。其後君由江西按察使入覲，大學士于文襄問君在刑部治狀，君曰：「夫獄者愈求則愈深，要在適中而止，則情法兩盡。」文襄嗟賞其言，告諸司官以爲法。

出爲浙江分巡寧、紹、台兵備道，兼海關監督。歲造戰船，采木於屬縣，吏因以爲利。君閱實其木，書之於策，以次伐之，吏無所容手。潮犯蕭山，君急裝立塘上，曰：「水至則死於此！」督吏民修防，更三晝夜，塘得不壞。歲入有餘，則以舉其地之公事，次則施諸三族之貧者。通人名德，禮接如不及，故交遊士，咸得其欲。而君被服如儒者，不聽音樂，終身無妾媵。遷官之日，至無以治裝。調福建分巡臺灣兵備道，兼提督學政。承黃教亂後，撫治彫敝，務安靜，不苛擾。栅城三千七百丈，以爲外衞。數巡廳縣，供頓餽遺無所受，嘗一夕卻金如意七，列城歎服，稱盛事。有吏職造船，應支番銀二萬，吏之子爲諸生，其年當選拔，吏請無受直而貢其子，卒不許。遷江西提刑按察使司按察使。江西當江湖嶺嶠之湊，地險而民獷，是以多盜。君廣設鉤距，得其主名，將竟其事。會王錫侯字貫獄起，君坐失察，革職，發軍臺效力贖罪，尋準君捐贖，發江南，以同知用。

四十五年，上南巡，駐蹕宿遷，詔許君降捐道員，仍留江南候補。君自至江南，前後爲總督者，謂君不習爲吏，接遇甚簡。既論贖，盡毀其家，不足當十一。素畏慎善憂，及兹牢落，生意遂盡。諸道凡缺七官，輒爲人得。署常州、徐州、淮安三府，蘇、松、常、鎮、太糧儲、河庫，江南鹽巡，松、太兵備四道，率不數月代去。常日旁皇，無所得食。賈人責家，咸見偪迫。及其當官，則清操彌厲。同官或叩其所入，輒權詞荅之，終不以其守蓋人。盡心民事，尤急貧弱，雖一日必舉其職。時人以君好施而無所取，清而不刻，篤學勤政，未嘗近名，謂之「三反」。

當君管河庫日，大學士誠謀英勇公以閱河至，見君，深相器重，使開臨河集引河，刻期而竣。比還朝，陳君忠實可任，且言其淹恤。由是補整飭江南鹽務、分巡江寧道。踰月遷湖北提刑按察使司按察使，兼管驛傳。荆門州知州某，爲民所毆，以抗糧聞。君馳往，撫定其衆，究其致衅始末，乃坐倡首者，而貸其餘人。施南民以争地相仇殺，君履行萬山中，親定其界。爲瘴氣所中，重以飢勞，舊疾遂作。既歸，猶冒暑聽斷，不少止。踰秋，浸劇，請解官治疾，甫報允而卒。是爲乾隆五十年十一月乙丑，春秋五十有七。貧不能具含斂。妻子歸無所居，寄食京師。士大夫知與不知，莫不痛惜。

君長於撫御，短於應變，故與同官多不相中，而恒得民心。嘗慕古争臣守節死義，昌言天下事，遇事激發，引爲己任。久宦京朝，隨牒平遷，未有言責。其後五官司道，上不能專制，下不得親其民，清勤自力，無所表樹，經世之學，體國之忠，生不竟其施，没不傳於後世，其可哀也已！

君取翰林院侍讀學士錢塘周玉章女，誥封淑人。子宬，候補八品小京官。女適翰林院編修臨汾曹錫齡。宬以君卒之次年十一月乙丑，葬君於代州之煙望村，禮也。中自依有道，逮一星終，愧以下材，遇賞君子。始則窮鳥投懷，實蒙忘分與年，流言不信。既而繾綣從公，共涉夷險，凡所披陳，無不意盡。嘗恐朝露有期，將使老母弱女，累君高義。而一辭祖道，遽至撫棺，遂以衰疾餘生，哀述舊德。天道人事，其何可量！銘曰：

邈矣公高，光我文昭。畢分晉國，馮坐秦朝。上黨東陽，其延十世。良德和龍，亦雄四裔。代州之顯，當明末造。緜祀二百，自他有耀。君生而貴，亦與憂俱。保世守官，尺寸不踰。高柴用刑，刖人感惠。汲孺閉閤，淮陽稱治。君雖習吏，澤不及民。盛德在抱，萬物知春。在邦在家，曰有簠簋。何以飭之，臣心如水。朝酗夜歌，彼維何人？乃速高位，以康其身。此焉小心，履冰集木。鉅箭尺書，蒼黄詔獄。鈞金孔棘，焚心汗顔。隕我國寶，傷哉百鍰。牽復有時，交摧莫訴。如彼敬通，坎坷末路。目營四海，受纏朱紱。金玉滿堂，泊如無物。一材一藝，百年千里。聞名嚮風，載矜載喜。生館死殯，其歸如林。外無德色，内無勩心。戚戚兄弟，莫遠具邇。女憂女嘆，如余在體。窮年奔命，一肉不完。人賴舉火，君死勤官。年裁中壽，家亦屢空。完然白璧，君子之躬。百世有師，清風不墜。我無愧辭，人惟墮淚。

大清故貢士馮君墓銘 并序

有馮廷重者，衰而造門，以其叔父邵所爲狀，請中爲銘，而納諸其父之墓。邵爲人敦篤好學，與中雅故，知其言不苟，乃屬詞曰：

君諱鄄，字翼縯，先世壽光人。明成化中，有曰盛者，以軍隸振武衛，遂籍代州。至君凡九世。曾祖雲驌，禮科給事中。祖欽，刑部四川司主事。父祖悦，陝西整飭洮岷兵備道、按察使司副使。

君七歲喪母，居喪如成人，事副使孝謹，未嘗有過。乾隆二十年，副使以雷州府知府卒官，君年二十有二。副使故廉貧，官數遷謫，垂老投瘴地，飾終之日，餘俸不足共斂事。代州水陸萬里，歸無居業，葬無墓地，老幼百口，莫知所依。君以弱年爲家督，謀慮枝梧，率中夜廢寢。北行未半，糗糧垂竭，其家遂散。君使諸婦孺各依其母氏，而自與弟舁棺以歸。間出稱貸四方，經營生事，以葬以養，以迎其親屬，督諸子弟就學，取婦生子，嫁其二妹，凡更十餘年，副使之家遂立。初，君之生也，副使年四十有三，人以爲晚，至是竟收其力焉。君與其弟郲、邵相愛甚，郲既前夭，邵久客無子，君命邵歸，而身授學京師。越五年竟卒。

君以選拔貢生，舉順天鄉試。卒之年，四十有七，葬代州某原，禮也。君既力庀其家事，風雨漂搖，僅而即安，而以憂勞損其天年，終以客死。宜邵之述德累行，其詞有哀焉。邵又言，君事繼母有禮，性平恕，恢然長者，惜中之不及見也。銘曰：

噫嘻馮君，率是常道。送死事生，孝于惟孝。喪葬既舉，室家既聚。衆曰清吏，是宜有後。曾是克家，不康其身。旅館僮奴，傷哉飾巾。句注蒼蒼，有子有弟。百里見星，孰撫爾視。封土若堂，巋然牛脊。我銘志之，終惟安宅。

大清故候選知縣李君之銘并序

君諱惇，字孝臣，高郵人。祖某，父某。仍世好善，多所周貸。家故富贍，因是遂貧。君治諸經通敏，于《詩》《春秋》尤深，作解義數十條，義並精審。晚好曆算，得梅氏書，盡通其術。是時古學大興，元和惠氏、休寧戴氏，咸爲學者所宗。自江以北，則王念孫爲之唱，而君和之。中及劉台拱繼之，並才力所詣，各成其學，雖有講習，不相依附。君于年爲長，三人者兄事焉。

君知鬼神情狀，不惑于非類，于宋以後愚誣之學，距之尤力。内行淳篤，臨財無所苟，與人交恂恂退讓，己所不爲，不以責人，己所知，不與人爭。其所親善，死生貧富，不以易其心。既久困諸生籍，以高弟將貢于國學。其前夕，執友賈田祖死，君遂不入試，而親棺斂以歸之。君身短不及中人，貌質樸，嗜酒，善諧笑。至其執心尚義，勇于爲人，雖賁育不過也。乾隆四十五年，君成進士，注選知縣。越四年，病卒，年五十有一。

中既與君久要，得詳其行誼。每觀先哲話言，《詩》《書》所稱述，求之君身，則百行備焉。嘗與同志歎息，謂古淑人君子，見于今日。然君居則受侮于家，出則不諧于鄉里。客于四方，游于京師，人或始慕而終棄之，其愛而加敬者，不十人焉。以爲古之道不宜于今，今之人不足以知君也。然君當少壯之日，窮餓奔走，汲汲無懽。中歲以後，百疾交侵，支離骨立，未霑一命，竟隕中身。女失所歸，子又不肖，則非人之所能爲也。然後知世之同力以擠君者，實順乎天心，而莊周氏所稱「人之小人，天之君子」者，至于君而其言不驗焉。烏乎，豈君之命與？銘曰：

力學修行，其職在我。曰貧曰疾，道無不可。生莫我知，没豈貴名？銜哀累德，以表余情。

大清故吴縣儒學教諭喬君墓碑并序

君諱汲，字敏伯，先世籍長洲。明洪武中，有某者始遷寶應之柘溝，至君凡十三世。曾祖可聘，明掌河南道監察御史，巡按浙江。國亡遁跡，完節以終。祖萊，皇翰林院侍讀，與河道總督靳輔争議海口，奪官。父崇修，用人材辟召，既見，以疾固辭，授銅陵縣教諭。自君曾祖，復還於縣城。

君弱冠領鄉舉，壻於武陵胡氏，舅期恒巡撫甘肅，從學甥館。是時，故撫遠大將軍方貴，巡撫爲之盡其力，而偏愛於君。君即有求謁，再轉則得請於上。當君在道，州縣或郊迎長跽，因門下白事。君儉德晦名，蟄居誦習，人事饋問亡所通。二族既敗，有司迹君於蕪湖，推問累旬，卒以不坐。選吴縣教諭。故時居是官者，率倚富人爲緣。君守官敦樸，日與諸生論説經義，未嘗詣人。束脩之禮，非其道不以入。諸生鳩民財，以祀禹於包山，既成，言於大府。君爲議曰：「禹食於江以南會稽之廟，實爲命祀。禮煩則瀆。諸生自有先聖先師，不可以侍前古明王之祀。」由是中止。縣爲布政使治屋，積材木於學宫，君争之不能得，曰：「吾居其官，是不可干也，去則惟公所爲。」即日以病告歸。學政晉寧李侍郎久之得其事，惜君之去，表其行迹，下諸學官，以爲法。

君家居篤老，三族之禮事，弔死而問疾，未嘗不在。凍棃植鰭，有晬其容，登降折旋，終日亡怍。

多識朝廷掌故，先民德音，出辭藹然，依於忠信。小大傾心，虚往實歸，鄉人君子，莫不歎息，以是爲邦家之光，人倫之表焉矣。君恆日自力寫書，燭入則誦其文，不中程不止。既病，惟諷諸經。卒之前夕，次及《禮記》，中遇誤文，求書正之而没，於時年八十六矣。是爲乾隆四十一年九月甲午。遺命三月而葬，不營佛事，禮也。

中之妻於君爲彌甥，昔操几杖，數接音談。委宛平生，情瀾不竭。顧望崦嵫，悽然身世之託。曾不踰歲，再經君里，已在殯宫，永念久要，期亡慙負。而君之子士宗，務求之達官，固不具狀。謹據所知，敘而藏之，且繫以辭曰：

喬維望宗，三世簪節。遺訓之資，爰張其烈。秩秩庠門，載灑載掃。曰食其官，曰守其道。大木百車，閒於弦歌。我義不安，它人則那。杖函玉佩，雝容井里。洋洋話言，充人心耳。惟寢惟食，惟學與謀。屬纊緜緜，雒誦其休。廣川大業，魯山德範。既訓既親，吾生何憾！惟此善人，實以天全。安其真宅，式告萬年。

黄鶴樓銘 并序　代畢尚書作

江出峽，東至於巴丘，沅、湘二水入焉。又東至於夏口，漢水入焉。於是西自岷山，西南自牂牁，南自桂嶺，西北自嶓冢，五水所經半天下，皆匯於是，以注於海。而江夏黄鵠山當其衝，江環其三面，再折而後東，故地形稱險焉。縣因山爲城。山之西有磯，起於江中，石立如植，激水逆行恆數里，於形爲尤險。其上爲樓，咸取於山以爲名。始自孫吴，酈氏著之，《齊》《梁》二書，並載其蹟。於後樓之興廢，史莫能紀。

乾隆元年，大學士史文靖總督湖廣，乃更其制。自山以上，直立十有八丈，其形正方，四望如一。高壯閎麗，稱其山川。歷年六十，堅密如新。其下則水師蒙衝在焉。歲以十月都試，吴戈犀甲，蔽川燿日。江以西，商旅百貨之所湊，道路晝夜行不休，著籍户八百萬。公私舟楫，列檣成林。南北二郊，原隰沃衍，禾黍彌望，無高山深林之蔽。桴鼓一鳴，上下百里，若示諸掌，姦宄無所匿其跡。

惟江夏自宋立郢州以來，代爲重鎮。國家疆理天下，慎固封守，常以尚書、侍郎鎮撫其地。及司道之所治，百城冠蓋，四至趨風，馹路劇驂，輶軒之使，不日則月。西南際海，屬國以百數，終王受吏，累譯來庭，往反上都，皆道於此。守土之吏，率會於兹樓，以飲食之禮，親其僚友，不降階序，而民風稽事，胥可知也。洎夫王臣咨諏，每懷靡及。舌人體委，懷柔遠人，治官莅民，禮賓詰戎。邦之大事，於是乎咸在。外以設險，内以經國，地勢然也。其有逐臣羈客，登高作賦，感物造端，可興可怨。丹丘羽人，雲水栖遊，徜徉乎其地，均足以發抒文采，增成故實。

沅始釋褐，文靖以元老在朝，先後序同歲，爲衣冠盛事。蒙恩歘歷，兹繼其武，既欣踐於勝地，且感遺構，乃爲銘曰：

海有神山，河惟底柱。巨靈爰闢，列仙攸處。樂哉斯丘，曾城之顛。上標崇觀，下俯大川。柱天不傾，障江欲迴。山增比岳，水激成雷。都會是程，蠻荆斯控。光映鳥帑，勢吞雲夢。四野厎平，八窗洞屬。登若馮虚，望惟極目。朱衣行水，毛人墮城。夢有先兆，神或不經。大别西踞，樊口東趨。神禹明德，黄武伯圖。川逝無停，人往不作。我紀兹遊，思同民樂。

漢上琴臺之銘并序　代畢尚書作

自漢陽北出二里有丘焉，其廣十畝，東對大别，左界漢水，石隄亘其前，月湖周其外，方志以爲伯牙鼓琴、鍾期聽之，蓋在此云。居人築館其上，名之曰「琴臺」。通津直道，來止近郊。層軒累榭，迥出塵表。土多平曠，❶林木翳然，水至清淺，魚藻交映。可以栖遲，可以眺望，可以泳游。無尋幽陟遠之勞，靡登高臨深之懼。懿彼一丘，實具二美。桃華渌水，秋月春風，都人冶游，曾無曠日。夫以夔、襄之技，温、雪之交，一揮五弦，爰擅千古。深山窮谷之中，廣廈細旃之上，靈蹤所寄，奚事刻舟？勝地寫心，諒符元賞。余少好雅琴，惝諳操縵。自奉簡書，久忘在御。弭節夏口，假館漢皋。峴首同感，桑下是戀。於以濯足滄浪，息陰喬木，聽漁父之鼓枻，思游女之解佩，亦足高謝塵緣，希風往哲，何必撫弦動曲，乃移我情？銘曰：

宛彼崇丘，於漢之陰。二子來游，爰迄於今。廣川人静，孤館天沈。微風永夜，虚籟生林。泠泠水際，時汎遺音。三歎應節，如彼賞心。朱弦已絶，空桑誰撫？海憶乘舟，巖思避雨。邈矣

---

❶「土」，原本作「上」，據方濬頤所爲校勘記改。

高臺，巋然舊楚。譬操南音，尚懷吾土。白雪罷歌，湘靈停鼓。流水高山，相望終古。

附伯牙事考

漢上伯牙遺蹟，方志無稽，誠不足道。古籍載伯牙事，所連及者，《琴操》有成連、方子春，《吕氏春秋》有鍾子期。成連、方子春無所考。《吕氏春秋·本味》篇：「伯牙鼓琴，鍾子期聽之。」高誘注云：「伯氏，牙名，或作雅。鍾氏，期名。子，通稱。悉楚人也。」又《精通》篇云：「鍾子期夜聞擊磬者而悲。」高誘注云：「鍾，姓也。子，通稱。期，名也。楚人鍾儀之族。」誘受學於盧尚書，立言不苟，其時故書雅記，存者尚多，必有所本。期爲鍾儀之族，則是世官而宿其業也，其知音也固宜。又鍾建亦爲樂尹，不知與期何別也。《荀子·勸學篇》：「伯牙鼓琴而六馬仰秣。」楊倞注：「伯牙，不知何時人。」今檢《史記·魏世家》，昭釐王十一年，當秦昭王四十一年，昭王問左右：「今日韓、魏孰與始强？如耳、魏齊孰與孟嘗、芒卯賢？」中旗馮琴而對。中旗，《秦策》又作「中期」，而《韓非子·難勢》篇正作「鍾期」，以馮琴事準之，則爲鍾子期無疑也。昭王十年，楚懷王入秦。二十九年，白起攻楚，取郢，爲南郡。鍾期之自楚入秦，固有因也。然則伯牙爲楚懷王、頃襄王時人明矣。列子與鄭子陽同時，而《湯問》亦載其事者。劉向謂《穆王》《湯問》二篇，迂誕恢怪，非君子之言。以今考之，正他書誤入之駁文也。余既銘斯臺，因附書於石之陰，以告學者。

述學補遺

釋冕服之用

冕服之用，自祭祀而外，見於經典者，凡十有一。《玉藻》：「玄端而聽朔於南門之外。」注：「端，當作冕。」一也。《哀公問》：「冕而親迎。」二也。《周官·司服》：「饗、射則鷩冕。」三也，四也。據注及正義，食禮在廟，亦鷩冕，五也。《覲禮》：「天子袞冕，負斧扆以朝諸侯。」六也。《文王世子》：「冕而總干，親在舞位以養老。」七也。《祭義》：「天子、諸侯爲藉，冕而躬秉耒。」八也。《司服》：「諸侯之大夫聘于天子，玄冕。」九也。《夏采》：王崩，「以冕服復于太祖」。十也。《節服氏》：「袞冕六人，朝覲，維王之大常；諸侯四人，服亦如之。」十一也。後之俗儒，專以祭服當之，誤矣。

江都縣榜駁義

江都縣衙前榜二，曰「績傳董相」「邑肇荆王」，中以爲皆誤也。自孝景前四年，徙汝南王非王江都，傳子建，元朔二年自殺，凡二世三十三年。其時并得鄣郡而不得吴，有廣陵、江都、高郵、平安、宛陵、於濳、江乘、春穀、秣陵、故鄣、句容、涇、丹陽、石城、湖孰、陵陽、蕪湖、黝、溧陽、歙、宣城二十一縣，爲今揚州、太平、寧國、池州、徽州五府，通、廣德二州，江寧府之上元、江寧、句容、高淳、溧水，鎮江府之溧陽，及杭州府之於潛、昌化，泗州之天長十縣地。諸侯相治其國，視郡守秩二千石，在其上。見《哀帝紀》《汲黯傳》。而江都縣自屬江都國，其令自千石至六百石。今之江都縣知縣，正可當漢之江都令耳，地之廣袤，尚不及其半。若傅之董相，是以國爲縣，以相爲令，其淆甚矣。荆王劉賈，以高帝六年封，至十一年爲英布所殺，無後，其立國至淺。賈都于吴，《漢興以來諸侯年表》。此地爲其支邑，自名廣陵。至孝景置江都國，賈死已四十三年。江都縣之名，前此絶無所見，疑即託始于此時，安得以爲肇于賈也。二者之云，失于不學。榜立五年，無覺其非者，中据史以爲之辨。

漢鴈足鐙槃銘釋文

漢銅鴈足鐙槃，高今尺三寸七分，徑四寸七分。銘半環槃背，云：「竟寧元年，考工工護爲内者造銅鴈足鐙。重三斤十二兩。護武嗇夫霸、掾廣漢、主右丞賞、守令尊、護工卒史不禁省。」又一行云：「中宫内者弟二十五。」下少空，又云：「受内者。」凡篆文五十五，重文作「二」者一。首六字漫漶，日中拭水視之，乃可辨。「考」下从「又」作「考」，其刻獨明，乃後人妄爲鉤泐，不足辨也。鐙故爲江都馬氏物，今歸巴慰祖予籍。予籍從甥胡唐詠陶審定其文，今具釋之。

云「竟寧元年」者，元帝建昭六年正月改元，即位之十六年也。云「考工」者，少府屬官本名考工室，武帝太初元年更名。臣瓚云「冬官爲考工，主作器械」是也。云「爲内者造銅鴈足鐙」者，内者亦少府屬官，有令，有丞。《外戚傳》許廣漢女平君當爲内者令歐侯氏子婦，則内者非奄人也。古之燭，束薪爲之，或執之於手。以膏爲燭，始見於《秦始皇本紀》，則宜有槃以承之，鐙，其别也。故《外戚傳》「廼夜張鐙燭」。《鐘鼎款識》所載凡七鐙，别出車宫承燭槃是也。鐙、錠互訓，正謂器首之注膏者。徐鼎臣謂錠中置燭，故謂之鐙，誤矣。故《上林榮宫鐙銘》「上林榮宫銅鴈足鐙，下有槃，並重六斤」是也。云「重三斤十二兩」，今權之得二十四兩二錢。吕微仲《考古圖》：「漢好畤官厨鼎，刻曰重九斤一兩，今重三斤六兩。」歐陽永叔《集古録》：「漢谷口銅甬，刻曰重四十斤，今重十五斤。」以此鐙校之，今六兩當漢一斤，有贏有縮，皆不畫一。疑漢權公私大小非一律也。云「護武嗇夫霸、掾廣漢、主右丞賞、守令尊」者，漢制，縣有嗇夫，職聽訟，是謂少吏。《張釋之傳》有「虎圈嗇夫」，《外戚傳》有「暴室嗇夫」，及此銘之「武嗇夫」，其名雜矣。漢官之非真拜者，有行、有領、有護、有守。郎中秩比三百石，都水，水衡都尉屬官，劉向以郎中爲都水使者，本傳稱領護三輔都水，及遷光禄大夫，秩比二千石，則尊矣，而所校諸書序，皆稱護左都水使者、光禄大夫，則「護」者，兼官之名，若後世之差遣。此武嗇夫乃假吏也。霸，嗇夫名。掾、丞、令，皆考工官吏，廣漢、賞、尊，其名也。守令，亦其未即真者耳。丞之多者，佽飛九丞，掖庭八丞，宦者七丞，獨考工不知其數。今言「主右丞」，則非一丞矣。云「護工卒史不禁」者，不禁，卒史名。嗇夫、掾、丞、令，皆先卑而後尊。卒史在令後者，以護工别出之。云「省」者，漢諸器銘多有之，若《吕氏春秋》之言「監工」矣。云「中宫内者弟二十五」者，漢時皇后所居稱中宫，蓋永定宫也。漢諸鐙銘，多紀其次弟。云「受内者」，謂中宫侍御受之内者也。《金石録·平周金鉦銘》云：「平定五年，受圜陰。」與此同意。乾隆四十九年八月晦，汪中釋。

江淹墓辨

歙之江氏，皆祖梁金紫光禄大夫醴陵侯淹。以醴陵爲濟陽考城人，歲遣人至今考城修墓致祭，中以爲誤矣。

《宋書·州郡志》云：「晉永嘉大亂，幽、冀、青、并、兖州及徐州之淮北流民，相率過淮，亦有過江在晉陵郡界者。晉成帝咸和四年，司空郗鑒又徙流民之在淮南者于晉陵諸縣，其徙過江及留在江北者，並立僑郡縣以司牧之。」又云：文帝元嘉八年，以南徐州治京口，「割揚州之晉陵、兖州之九郡僑在江南者屬焉。故南徐州備有徐、兖、幽、冀、青、并、揚七州郡邑」。其南徐州下有濟陽郡，領考城、鄄城二縣，蕭子顯《齊志》亦同。宋、齊二志，南徐濟陽郡領考城、鄄，建武三年省濟陽郡，考城度屬魯，尋又省鄄城，度屬南濮陽。《齊志》又云：臨淮以下十二郡並無實土。由是言之，江氏本貫實在今之考城，春秋之戴國，漢之菑縣，章帝始改今名；而醴陵所係之濟陽考城，則僑立于今之丹徒縣境，二者邈不相涉。

醴陵卒于天監四年。自宋明帝泰始三年失淮北四州，今之考城久淪于魏，至是已四十二年。魏之濟陽，始置徐州，繼屬陽夏郡，《地形志》載其建置甚明。當醴陵之卒，日尋干戈，其時壽陽、合肥並爲魏土，豈深入敵境千里，自營窀穸？況渡江百族，並無反葬故里之事。一坏之土，不知誰何，累百衣冠，拜伏流涕，真可謂無妄之福已。

雷州府知府馮君妻三李氏不合葬議

代州諸馮皆族葬。自明舉人某考卜於州東北華甲莊，至雷州君凡五世，爲基二十有六。雷州君凡五取，其三皆李，四張，五戈，戈則今固在。始取李没於康熙三十九年，葬於四十一年。次没於四十七年，葬於五十一年。次没于雍正七年，葬於十年。皆在祖墓。張始生子：鄄、郕、邵、鄘。乾隆五年，雷州官岷洮道，張没于官所。于時華甲莊地盡，不可復葬，乃假葬於域外之碑堂。又十五年，雷州卒於其官。又十七年，始得兆於州北之北岡，距三李之没，久者殆六十年，近亦四十餘年，議將遷而合諸北岡。馮氏諸長老皆曰：「葬久不可知，既動損幽靈，脱有朽敗，其忍使遺蜕露見于天日？且魂氣有知，往來冥合，非墓地之所能隔。苟爲不然，無寧久依於其舅姑，而勿播遷以從其夫。」于是不果遷。惟張與雷州同穴。其後三年，邵客於鄞，告中以其事，且曰：「邵三前母皆無出，邵兄弟又不逮事，而所生母獨從父葬，人其謂我何？子爲我求諸禮，吾將勒諸窆石之陰。」

中曰：以兹所爲，求之於禮，則固不協；不協而爲之辭，非中所能。雖然，奉雷州以附於祖，則無其地；遷三母以就雷州，則慮棺之毁。是人事之窮，非得爲而已者也。張之體魄，不可即安于假葬，三李下窆歲遠，止可仍其真宅，又必至之事，非厚薄之差也。前世若晉鄭袤，先取孫氏，蚤亡，袤卒，繼室曹氏迎孫喪於黎陽合葬。唐楚王靈龜前妃閻氏，嫁不踰年而夭。及靈龜卒，妃上官氏爲備禮同葬。

史皆美其知禮。今張既先雷州殯，世事非自主，無歉於曹與上官。又彼並孤魂無依，此則從葬祖墓，其事差殊。苟欲致其無已之情，則猶有二焉。使華甲莊墓域之外，有地可拓，異日以一孫及孫婦從於三李，準諸卒哭班祔之文，以定公墓昭穆之次。女尸異姓，神道所馮，非親而祔，示不遐棄。《喪服小記》：「婦祔於祖姑。祖姑有三人，則祔於親者。」注：「親者，謂舅所生。」斯亡於禮者之禮也。古之事亡，惟重廟祀；享諸野外，於禮不經。馮氏四時家祭，人各立主，則張不先三李而食，其分固自秩矣。若以拜墓之典，有舉莫廢，則祭雷州成禮，即馳祭三李之墓，然後還祭于張。同日異日，視道之遠近，以是爲先後之序焉。則夫夫妻子母之心，尚亦交慰哉！雖然，私議刻諸石，非古也。附之譜記，待後世達者，其可爾。江都縣附學生員汪中謹議。

狐父之盜頌并序

《列子·說符》篇：「東方有人焉，曰爰旌目，將有適也，而餓于道。狐父之盜曰丘，見而下壺餐以餔之，三餔而後能視。」有感其事，因作此頌。

狐父之盜，厥名曰丘。飽食而嬉，稅于道周。東方有人，惟爰旌目。貿貿然來，既餒而踣。於時子盜，盱睢審顧。匪我昏媾，匪我舊故。嗒然七尺，形在神奄。弱息裁屬，飢火方炎。致此非我，哀爾無辜。左挈懿筐，右執方壺。得之則生，失之則死。藐爾一簞，儵焉人鬼。芒芒下土，曾無可依。惟盜餔我，慈母嬰兒。彼盜之食，於何乃得？外御國門，内意窟室。勇夫寢戈，暴客是禦。國有常刑，在死不赦。惟得之艱，致忘其身。既淅既炊，以濟路人。舍之何咎？救之何報？悲心內激，直行無撓。吁嗟子盜，孰如其仁。用子之道，薄夫可敦。悠悠溝壑，相遇以天。孰爲盜者，吾將託焉。

弔黄祖文并序

往尋禰生遺事，輒羨其榮遇。故北海忘年而下交，章陵跣足而請命。懿彼兩賢，是云死友，固無得而稱矣。若夫孟德威振天下，屈意于狂夫之言；劉表坐談西伯，忍恥于細人之譖。曠世高舉，異人同情，蓋若有天相焉。即其遭命江夏，終隕國寶，後之君子，攄懷舊之想，悼生才之難，莫不扼腕斗筲，傷心五百。然觀衡爲黄祖作書，輕重疏密，各得體宜，祖持其手曰：「處士，此正得祖意，如祖腹中之欲言。」則猶有賞音之遇也。夫杯酒失意，白刃相讎，人情所恆有。至于臨文激發，動色相咨，解帶寫誠，歡若親戚，其沖懷遠識，豈可望之今世士大夫哉！雖枉天年，竟獲知己。嗟乎，禰生可以不恨！

余束髮依人，蹉跎自効。逮于長大，幾更十主。何嘗不賦鸚鵡于廣筵，識豐碑于道左。而醉飽過差，同其狷狹，飛辨騁辭，未聞心賞。其于黄祖，蓋猶得其惡而遺其善焉。古有三疾，今也則亡。論者不察，猥使祖于千載之下，獨受惡名，斯事之不平者也。用述斯篇，詔來雪往。其辭曰：

歲在單閼兮，四月幾望。有士失職兮，獨居愴怳。世既莫吾知兮，將託于古之人。溯汶江以通誠兮，遠弔府君。昔夏口之高會兮，方虎視而自威。何死公之等道兮，廼衆辱于白衣。彼隕其生兮，子喪其名。嗟須臾之不忍兮，遂兩敗而俱傾。固凶德之交會兮，豈九天之可正？惟人世之不齊兮，孰富壽而貧夭。覩周鼎而目迷兮，奉康瓠以爲寶。子吹竽則信工兮，固吾王之不好。繄夫子之識真兮，又達心而不欺。申執手之款言兮，曰白首以爲期。感斯情之信厚兮，恨不與之同時。苟吾生得一遇兮，雖報以死而何辭！惟夫子之殺士兮，世相戒以畏塗。歷千祀而蒙詢兮，亦足以蔽其辜。節壹惠以爲名兮，猶將傲今之人以所無。

重曰：鳳皇虬龍，不可紲兮。相彼九州，身安置兮。願得君子，終焉事兮。庶保元吉，没吾世兮。

荀卿子通論

荀卿之學，出於孔氏，而尤有功於諸經。《經典敘録·毛詩》徐整云：「子夏授高行子，高行子授薛倉子，薛倉子授帛妙子，帛妙子授河閒人大毛公。毛公爲《詩故訓傳》于家，以授趙人小毛公。一云子夏傳曾申，申傳魏人李克，克傳魯人孟仲子，孟仲子傳根牟子，根牟子傳趙人孫卿子，孫卿子傳魯人大毛公。」由是言之，《毛詩》，荀卿子之傳也。《漢書·楚元王交傳》：「少時嘗與魯穆生、白生、申公同受《詩》於浮丘伯。」伯者，孫卿門人也。《鹽鐵論》云：「包丘子與李斯俱事荀卿。」包丘子即浮丘伯。劉向敘云：「浮丘伯受業，爲名儒。」《漢書·儒林傳》：「申公，魯人也，少與楚元王交俱事齊人浮丘伯受《詩》。」又云：「申公卒以《詩》《春秋》授，而瑕丘江公盡能傳之。」由是言之，《魯詩》，荀卿子之傳也。《韓詩》之存者，《外傳》而已，其引荀卿子以説《詩》者四十有四，由是言之，《韓詩》，荀卿子之別子也。《經典敘録》云：「左丘明作傳，以授曾申，申傳衛人吴起，起傳其子期，期傳楚人鐸椒，椒傳趙人虞卿，卿傳同郡荀卿，名況。況傳武威「武威」，據《史記·張丞相傳》當作「陽武」。張蒼，蒼傳洛陽賈誼。」由是言之，《左氏春秋》，荀卿子之傳也。《儒林傳》云：「瑕丘江公受《穀梁春秋》及《詩》于魯申公，傳子至孫爲博士。」由是言之，《穀梁春秋》，荀卿子之傳也。荀卿所學本長于禮，《儒林傳》云：「東海蘭陵孟卿善爲《禮》《春秋》，授后蒼、疏廣。」劉向敘云：「蘭陵多善爲學，蓋以荀卿也。長老至今稱之，曰：蘭陵人喜字爲卿，蓋以法荀卿。」又二戴禮並傳自孟卿。《大戴·曾子立事》篇載《修身》《大略》二篇文，《小戴·樂記》《三年問》《鄉飲酒義》篇載《禮論》《樂論》篇文，由是言之，曲臺之禮，荀卿之支與餘裔也。

蓋自七十子之徒既殁，漢諸儒未興，中更戰國暴秦之亂，六藝之傳，賴以不絕者，荀卿也。周公作之，孔子述之，荀卿子傳之，其揆一也。故其說「霜降逆女」，與毛同義。《禮論》《大略》二篇，《穀梁》義具在。又《解蔽篇》說《卷耳》，《儒效篇》說風雅頌，《大略篇》說《魚麗》、國風好色，並先師之逸典。又《大略篇》「《春秋》賢穆公」「善胥命」，則爲《公羊春秋》之學。楚元王交本學於浮丘伯，故劉向傳《魯詩》《穀梁春秋》，劉歆治《毛詩》《左氏春秋》，董仲舒治《公羊春秋》，故作書美荀卿，其學皆有所本。劉向又稱荀卿善爲《易》，其義亦見《非相》《大略》二篇。蓋荀卿於諸經無不通，而古籍闕亡，其授受不可盡知矣。

《史記》載孟子受業於子思之門人，於荀卿則未詳焉。今考其書，始於《勸學》，終於《堯問》，劉向所編《堯問》第二十，其下仍有《君子》《賦》二篇。然《堯問》末附荀卿弟子之詞，則爲末篇無疑。當以楊倞改訂爲是。篇次實仿《論語》。《六藝論》云：「《論語》，子夏、仲弓合撰。」《風俗通》云：「穀梁爲子夏門人。」而《非相》《非十二子》《儒效》三篇，每以仲尼、子弓並稱，子弓之爲仲弓，猶子路之爲季路，知荀卿之學，實出於子夏、仲弓也。《宥坐》《子道》《法行》《哀公》《堯問》五篇，雜記孔子及諸弟子言行，蓋據其平日之聞於師友者，亦由淵源所漸、傳習有素而然也。故曰：荀卿之學，出於孔氏，而尤有功於諸經。

《韓詩外傳》：客有説春申君者曰：「湯以七十里，文王以百里，皆兼天下。今孫子，天下之賢人也。君藉之百里之勢，臣竊以爲不便于君，若何？」春申君曰：「善。」于是使人謝孫子。孫子去而之趙，趙以爲上卿。客又説春申君曰：「昔伊尹去夏之殷，殷王而夏亡。管仲去魯入齊，齊强而魯弱。由是觀之，賢者之所在，其君未嘗不善，其國未嘗不安也。今孫子，天下之賢人，何爲辭而去？」春申君又云：「善。」于是使請孫子。孫子僞喜，《戰國策》作「爲書」。謝之曰：「鄙語曰：『厲憐王。』此不恭之語也。雖然，不可不審也。此爲劫殺死亡之主言也。夫人主年少而放，無術法以知姦，即大臣以專斷圖私，以禁誅於己也，故舍賢長而立幼弱，廢正適而立不善。故《春秋》之志曰：楚王之子圍聘於鄭，未出竟，聞王疾，反問疾，遂以冠纓絞王而殺之，因自立。齊崔杼之妻美，莊公通之，崔杼率其群黨而攻莊公。莊公請與分國，崔杼不許，欲自刃於廟，崔杼又不許。莊公出走，踰于外墻，射中其股，遂殺而立其弟景公。近代所見，李兑用趙，餓主父于沙丘，百日而殺之；淖齒用齊，擢湣王之筋，而懸之於廟梁，夙昔而殺之。夫厲雖癰腫痂疕，上比遠世，未至絞頸射股也；下比近世，未至擢筋餓死也。由是觀之，厲雖憐王可也。」因爲賦曰：「璇玉瑶珠不知珮，雜布與錦不知異。閭娵、子都莫之媒，嫫母、力父是之喜。以盲爲明，以聾爲聰，以是爲非，以吉爲凶。嗚乎上天，曷維其同。」

《詩》曰：「上帝甚慆，無自瘵焉。」

按春申君請孫子，孫子荅書，或去或就，曾不一言，而泛引前世劫殺死亡之事，未知其意何屬。且靈王雖無道，固楚之先君也，豈宜向其臣子斥言其罪？不知何人鑿空爲此，韓嬰誤以説《詩》。劉向不察，采入《國策》，其敘荀子《新書》又載之，斯失之矣。此書自「厲憐王」以下，乃《韓非子·姦劫弑臣》篇文，其言刻覈，舞知以禦人，固非之本志。其賦詞乃《荀子》佹詩之小歌，見於《賦》篇。由二書雜采成篇，故文義前後不屬，幸本書具在，其妄不難破爾。孫卿自爲蘭陵令，逮春申之死，凡十八年，其閒實未嘗適趙，亦無以荀卿爲上卿之事。本傳稱齊人或讒荀卿，荀卿乃適楚。《詩外傳》《國策》所載，或説春申君之詞，即因此以爲緣飾。周秦閒記載，若是者多矣。至引事説《詩》，韓嬰書之成例，《國策》載其文而不去其詩，此故奏之葛龔也。

今本《荀子》二十卷，元時槧本，題云「唐大理評事楊倞注」，一本題云「唐登仕郎守大理評事」。楊倞事實無可考。《新唐書·藝文志》以倞爲楊汝士子，而《宰相世系表》則載汝士三子，一名知溫，一名知遠，一名知至，無名倞者。表、志同出一手，何以互異若此？《古刻叢抄》載《唐故銀青光禄大夫使持節蔚州諸軍事行蔚州刺史兼御史中丞馬公墓志銘》，其文則楊倞所作，題云「朝請大夫使持節汾州諸軍事守汾州刺史楊倞撰」，結銜校《荀子》加詳，其書馬公卒葬年月云「以會昌四年三月十日卒，以其年七月十日葬」，據此則楊倞爲唐武宗時人。

荀卿子年表

趙	齊	秦	楚	本書、列傳
惠文王元年	湣王二十六年	昭王九年	頃襄王元年	
以公子勝爲相，封平原君。				
二年	二十七年	十年	二年	
三年	二十八年	十一年	三年	
			懷王卒於秦，秦歸其喪。	
四年	二十九年	十二年	四年	
五年	三十年	十三年	五年	
六年	三十一年	十四年	六年	
七年	三十二年	十五年	七年	

			迎婦於秦，秦楚復平。	
八年	三十三年	十六年	八年	
九年	三十四年	十七年	九年	
十年	三十五年	十八年	十年	
十一年	三十六年	十九年	十一年	
十二年	三十七年	二十年	十二年	
十三年	三十八年	二十一年	十三年	
	滅宋。			《王伯篇》：齊湣用強齊，中足以舉宋。
十四年	三十九年	二十二年	十四年	
			與秦昭王好會於宛，結和親。	
十五年	四十年	二十三年	十五年	

	燕、秦、趙、魏、韓兵破我濟上，王走莒。			《仲尼篇》：湣王毁於五國。《王伯篇》：燕、趙起而攻之，若振槁然。身死國亡，爲天下大戮。
十六年	襄王元年	二十四年	十六年	
			與秦昭王好會於鄢。秋，復會於穰。	《列傳》：齊襄王時，荀卿最爲老師。齊尚修列大夫之缺，而荀卿三爲祭酒焉。
十七年	二年	二十五年	十七年	
十八年	三年	二十六年	十八年	
十九年	四年	二十七年	十九年	
			秦伐我，割上庸、漢北地予秦。	
二十年	五年	二十八年	二十年	

	田單殺燕騎劫。			《議兵篇》：齊之田單，世俗所謂善用兵者。燕能并齊而不能凝也，故田單奪之。
二十一年	六年	二十九年	二十一年	
			秦拔我郢，燒夷陵，王東保於陳。	《議兵篇》：秦師至，而鄢、郢舉，若振槁然。
二十二年	七年	三十年	二十二年	
二十三年	八年	三十一年	二十三年	
二十四年	九年	三十二年	二十四年	
二十五年	十年	三十三年	二十五年	
二十六年	十一年	三十四年	二十六年	
二十七年	十二年	三十五年	二十七年	

			復與秦平，入太子爲質於秦。	《彊國篇》：今楚父死焉，至是乃使讎人役也。《仲尼篇》：楚六千里而爲讎人役。
二十八年	十三年	三十六年	二十八年	
二十九年	十四年	三十七年	二十九年	
三十年	十五年	三十八年	三十年	
三十一年	十六年	三十九年	三十一年	
三十二年	十七年	四十年	三十二年	
三十三年	十八年	四十一年	三十三年	
		拜范睢爲相，封以應，號爲應侯。		《儒效篇》載秦昭王與荀卿荅問之語。
				《彊國篇》載應侯與荀卿荅問之語。

孝成王元年	十九年	四十二年	三十四年	
秦拔趙三城。平原君相。				《議兵篇》：「臨武君與孫卿子議兵于趙孝成王前。」又：「秦四世有勝。」又：李斯問孫卿子曰「秦四世有勝」。皆謂孝公至昭王。
二年	王建元年	四十三年	三十五年	
三年	二年	四十四年	三十六年	
四年	三年	四十五年	考烈王元年	
			春申君爲相。	
五年	四年	四十六年	二年	
六年	五年	四十七年	三年	
七年	六年	四十八年	四年	
八年	七年	四十九年	五年	
九年	八年	五十年	六年	

秦圍邯鄲，魏信陵君奪晉鄙兵。平原君求救於楚，楚使春申君與魏救趙，卻秦，存邯鄲。			《楚世家》：六年，秦圍邯鄲，趙告急于楚，楚遣將軍景陽救趙。七年，至新中，秦兵去。《春申君傳》：四年，秦破趙之長平軍四十餘萬。五年，圍邯鄲。邯鄲告急於楚，楚使春申君將兵往救之，秦兵亦去。案六年圍邯鄲，傳作五年，誤。	《議兵篇》：韓之上地方數百里，完全富足而趨趙，趙不能凝也，故秦奪之。《臣道篇》：「平原君之於趙也，可謂輔矣。信陵君之於魏也，可謂弼矣。」又：「爭然後善，戾然後功，出死無私，致忠而公者，是之謂通忠之順，信陵君似之矣。」
十年	九年	五十一年	七年	
秦兵罷。				
十一年	十年	五十二年	八年	
			以荀卿爲蘭陵令。	《列傳》：齊人或讒荀卿，荀卿乃適楚，而春申君以爲蘭陵令。

十二年	十一年	五十三年	九年	
			徙於鉅陽。	
十三年	十二年	五十四年	十年	
十四年	十三年	五十五年	十一年	
十五年	十四年	五十六年	十二年	
平原君卒				
		孝文王元年		
		莊襄王元年		
		《秦本紀》：五十六年秋，昭襄王卒，子孝文王立。十月己亥即位。三日辛丑卒，子莊襄王立。		
十六年	十五年	二年	十三年	
十七年	十六年	三年	十四年	

十八年	十七年	始皇元年	十五年	
			春申君徙封于吴。	
十九年	十八年	二年	十六年	
				《李斯列傳》：斯辭荀卿，西入秦。會莊襄王卒，乃求爲秦相吕不韋舍人。
二十年	十九年	三年	十七年	
二十一年	二十年	四年	十八年	
悼襄王元年	二十一年	五年	十九年	
二年	二十二年	六年	二十年	
三年	二十三年	七年	二十一年	
四年	二十四年	八年	二十二年	
			王東徙壽春。	
五年	二十五年	九年	二十三年	

六年	二十六年	十年	二十四年	
七年	二十七年	十一年	二十五年	
			李園殺春申君。	《列傳》：春申君死而荀卿廢，因家蘭陵，列著數萬言，卒葬蘭陵。

謹據本書及《史記》、劉向敘歆定。其文曰「荀子，趙人，名況。年五十始游學來齊」，則當湣王之季，故《傳》云「田駢之屬皆已死」也。又云「及襄王時，而荀卿最爲老師」，蓋復國之後，康、莊舊人，惟卿在也。襄王之十八年，當秦昭王四十一年，秦封范睢爲應侯。《儒效》《彊國篇》有昭王、應侯荅問，則自齊襄王十八年以後，荀卿去齊游秦也。其明年，趙孝成王元年，本書荀卿與臨武君議兵趙孝成王前，則荀子入秦不遇，復歸趙也。後十一年，當齊王建十年，爲楚考烈王八年，楚相黄歇以荀卿爲蘭陵令。本傳云：「齊人或讒荀卿，荀卿乃適楚，而春申君以爲蘭陵令。」則當王建初年，荀卿復自趙來齊，故曰「三爲祭酒」。是時春申君封于淮北，蘭陵乃其屬邑，故以卿爲令。後八年，春申君徙封于吴，而荀卿爲令如故。又十二年，考烈王卒，李園殺春申君，盡滅其族。本傳云：「春申君死，而荀卿廢，因家蘭陵。列著數萬言而卒，因葬蘭陵。」荀卿之卒，不知何年。《堯問篇》云：「孫卿迫于亂世，鰌于嚴刑，上無賢主，下遇暴秦。」《鹽鐵論·毁學》篇：「方李斯之相秦也，始皇任之，人臣無二，然而荀卿爲之不食，覩其罹不測之禍也。」據《李斯傳》，斯之相在秦并天下之後，距春申君之死十八年，距齊湣王之死

六十四年，是時荀卿蓋百餘歲矣。荀卿生于趙，游于齊，嘗一入秦，而仕于楚，卒葬于楚，故以四國爲經。託始于趙惠文王、楚頃襄王之元，終于春申君之死，凡六十年。庶論世之君子，得其梗概云爾。

劉向《敘録》：「卿以齊宣王時來游稷下，後仕楚，春申君死而卿廢。」《史記·六國年表》載春申君之死，上距宣王之末，凡八十七年。《史記》稱卿年五十始游齊，則春申君死之年，卿年當一百三十七矣。晁公武《郡齋讀書志》謂《史記》所云「年五十」爲「年十五」之譌。然顏之推《家訓·勉學篇》「荀卿五十始來游學」，之推所見《史記》古本已如此，未可遽以爲譌字也。且漢之張蒼、唐之曹憲，皆百有餘歲，何獨於卿而疑之。

荀子歸趙，疑當孝成王九年、十年時，故《臣道篇》亟稱平原、信陵之功，是時信陵故在趙也。以信陵君之好士，得之於毛公、薛公，而失之于荀卿，惜夫！

《韓非子·難四》篇：「燕王噲賢子之而非荀卿，故身死爲僇。」荀子游燕，在游齊之前，事僅見此。

本書《彊國篇》荀子説齊相國曰：「今巨楚縣吾前，大燕鰌吾後，勁魏鉤吾右，西壤之不絶若繩。楚人則乃有襄、賁、開陽，以臨吾左。是一國作謀，三國必起而乘我。如是則齊必斷而爲四，三國若假城耳。」其言正當湣王之世。湣王再攻破燕、魏，留楚太子横，以割下東國，故荀卿爲是言。其後五國伐齊，燕入臨菑，楚、魏共取淮北，卒如荀卿言。荀子之爲齊，與樂毅之爲燕謀伐齊，所見正同，豈可謂儒者無益於人國乎！此齊相爲薛公田文，故曰「相國上則得專主，下則得專國」。《王伯篇》

云：「權謀日行，而國不免危削，綦之而亡，齊湣、薛公是也。」荀卿之爲是言者，疾田文之不能用士也。

大學平義

《大學》其文，平正無疵，與《坊記》《表記》《緇衣》伯仲，爲七十子後學者所記，于孔氏爲支流餘裔。師師相傳，不言出自曾子。視《曾子問》《曾子立事》諸篇，非其倫也。宋世禪學盛行，士君子入之既深，遂以被諸孔子，是故求之經典，惟《大學》之格物致知，可與傅合，而未能暢其旨也。一以爲誤，一以爲缺，舉平日之所心得者，著之于書，以爲本義固然。然後欲俯則俯，欲仰則仰，而莫之違矣。習非勝是，一國皆狂。即有特識之士，發寤于心，止于更定其文，以與之爭，則亦不思之過也。誠知其爲儒家之緒言，記禮者之通論，孔門設教，初未嘗以爲至德要道，而使人必出于其途，則無能置其口矣。

周秦古書，凡一篇述數事，則必先詳其目，而後備言之。其在《逸周書》《管子》《韓非子》至多，本書《祭統》之「十倫」，《孔子閒居》之「五至」「三無」，皆是也。今定爲經傳，以爲二人之辭，而首末相應，實出一口，殆非所以解經也。意者不託之孔子，則其道不尊；而中引曾子，則又不便于事，必如是而後安爾。

門人記孔子之言，必稱「子曰」「子言之」「孔子曰」「夫子之言曰」以顯之，今《大學》不著何人之言，以爲孔子，義無所據。

孔子曰：「中人以上，可以語上也。中人以下，不可以語上也。」明乎教非一術，必因乎其人也。其見《論語》者，問仁、問政，所荅無一同者，聞斯行諸，判然相反，此其所以爲孔門也。標《大學》以爲綱，而驅天下從之，此宋以後門户之争，孔氏不然也。宋儒既藉《大學》以行其説，慮其孤立無輔，則牽引《中庸》以配之。然曾子受業于孔門，而子思則其孫也，今以次于《論語》之前，無乃傎乎？蓋欲其説先入乎人心，使之合同而化，然後變易孔氏之義而莫之非，所以善用其術，而名分不能顧也。

大清故國子監生贈句容縣儒學教諭孫君墓銘并序

君諱枝生，字一鳳，先世定遠人。明樂安郡公興祖弟子、濠梁衛指揮使繼達，賜宅常州，遂籍武進。武進孫氏，凡二侯、三指揮使，傳十餘世，與明終始。登庶司者，又百餘人，而尚書慎行以清節碩德，著名四朝，故世爲望宗。君曾祖餘，封翰林院檢討。祖自儀，桂陽州同知，封翰林院編修。父謀，禮部主客司郎中。君生十餘歲，兄鳳飛官恩承州吏目，君從之官所。義寧縣知縣許建者，宜興人，無子，有一女，以君爲贅壻，生子勳。君念門户中衰，二親棄養，一身遠依外家，非學無以自立，由是下帷誦習，靡有晨夜。體素清羸，遂遘疾以卒。是爲雍正九年四月壬子，春秋二十有六。

踰年，義寧君亦没。君妻許孺人攜子奉二柩以歸，各祔於其先壠。爲父立後，而身歸武進，以奉孫氏。其教勳嚴而有法。勳舉順天鄉試，官句容教諭，贈君以其官。勳事母孝謹，喜交友，彊直有氣，尤達於政事。三子皆材，曰星衍、星衡、星衢。星衍通小學，最善爲文，亦舉於鄉。君童年遠客，以諸生早終，故行迹不傳於世。而苦節可貞，克昌厥後，卒以成君之志。則君之内刑于妻，下施於孫子者，可知也。君葬武進某原。後五十四年，星衍使其友汪中爲之銘。其詞曰：

欒安桓桓，官有世功。門祚中夷，疇亢其宗。猗彼文孫，心長命促。鼓篋方誦，帷堂已哭。有嗷其孤，衰衣在抱。越嶺浮湘，翩翩丹旐。令妻孔瘁，二世其昌。若體有牉，君爲不亡。封土延陵，實堅實好。立石旌事，崇公之表。

修禊敍跋尾

晉右軍將軍會稽内史琅琊王羲之《修禊敍》，定武石刻五字不損本，乾隆五十年八月，江都汪中審定題字。

今體隸書，以右軍爲第一。右軍書以《修禊序》爲第一。《修禊敍》以定武本爲第一。世所存定武本，以此爲第一。在于四累之上，故天下古今無二。

《修禊敍》别本至多，理宗所集，游氏所藏，不可得見，無以定其甲乙。今之行世者，穎上筆致翩翩，矯若雲中之鶴，故爲别調，亦具本色。若東陽、國學二本，俱定武適嗣，而各有其一體。東陽清勁過是，則其失也峻，開皇僞體是也。國學秀朗過是，則其失也媚，吴興臨本是也。孔子曰：「質勝文則野，文勝質則史。文質彬彬，然後君子。」持是以論書，吾於定武石刻見之。

敍中塗改諸字，此刻若「因寄所託」「因」字，「向之」二字，「良可」二字，「悲夫」「夫」字，「斯文」「文」

字，皆先書他字，而後改之，筆迹宛然。其翻刻定武本及別本所刻，皆不爾。故知定武是從右軍真蹟上石也。然中雖能鑑古，使不見定武真刻，亦何從知之？此非人力所能爲也。

定武石刻，出自歐陽率更，若以爲率更所書者，中嘗疑焉。太宗之於此敘，愛之如此其篤也，得之如此其難也。既欲壽諸貞石，嘉彼士林，乃舍右軍之真蹟，用率更之臨本，譬之叔敖當國，優孟受封，中郎在朝，虎賁接席，殆不然矣。後見何延之《蘭亭始末記》云：「帝得帖，命馮承素、韓通政等各搨數本，賜太子諸王。一時能書如歐、虞、褚諸公，皆臨搨相尚。」劉餗《嘉話録》云：「《蘭亭敘》武德四年入秦府，貞觀十年始搨，以分賜近臣。」何子楚跋云：「唐太宗詔供奉臨《蘭亭敘》，惟率更令歐陽詢自搨之本奪真，勒石留之禁中。」然後知定武本乃率更響搨，而非其手書，于是前疑始釋。古稱石刻之佳者，曰下真蹟一等，此則以右軍之真蹟，太宗之元鑒，率更之絶藝，盛事參會，千載一時。雖山陰暢敘，興到再書，昭陵絸紙，人閒復出，何以過之？自宋以來，士大夫萬金巧購，性命可輕，良有以也。

往見宋番陽姜氏《禊帖偏旁攷》，心焉笑之。即如此本，正猶青天白日，奴隸皆見，何事取驗偏旁，然後知爲定武真本？設有作僞者，依姜氏之言而爲之，又何以待之？然則牽合于姜氏者，所謂貴耳賤目者也。姜氏固季咸所見善者機也。

古碑鐫刻之工，以昭陵爲最，此刻亦然。轉折鋒稜，絲豪俱備。自貞觀至慶曆，凡四百年，如前三行及「一死生」「一」字之類，固日就刓敝。然其存者，一點一畫，精神焕發，如新脱手，與太學石鼓正同。非徒碑師之良，即其石亦美材也。昔班孟堅論孝宣之治，至于器械工巧，元、成以來，鮮能及之。

吾于此刻，亦以知貞觀文物之盛已。

右軍書不名一體。十七帖中，「吾服食久」「旦夕都邑」二帖，絶似率更書，正率更書所自出也。《唐書·文苑傳》稱率更本學王羲之書，可謂高識。此必柳芳、吴兢之舊文，宋子京承用之爾。世人不識右軍書，見定武《修禊敘》結體似率更，遂以爲率更所書，則誤矣。

褚河南書學，故與率更抗行。今潁上本之行世者，尚是覆刻。王澍給事有元拓一本，給事細書跋尾，凡十有六。攷證鑒定，均極精審。今歸巴慰祖舍人。中曾見之，誠絶世之寶也。然比于定武本，正如婢見夫人，以此知定武非率更書也。董尚書書法輕纖，于定武風力未能學步，乃謂潁上本在定武之上。曹鄴詩云「難將一人手，掩盡天下目」，請爲尚書誦之。

吾友趙文學魏、江編修德量，皆深于金石之學。文學語編修云：南北朝至初唐，碑刻之存于世者，往往有隸書遺意。至開元以後，始純乎今體。右軍雖變隸書，不應古法盡亡。今行世諸刻，若非唐人臨本，則傳摹失真也。編修以諗中，中歎文學精鑒爲不可及也。然中往見吴門繆氏所藏《淳化帖》弟六、弟七、弟八三卷點畫波磔，皆帶隸法，與別刻迥殊。此本亦然。如「固知」「固」字，「向之」二字，「古人云」「云」字，「悲夫」「夫」字，「斯文」「文」字，政與魏始平公造像記、梁吴平侯神道石柱絶相似。因歎前賢遺翰，多爲俗刻所汩没，而不見定武真本，終不可與論右軍之書也。

中年十四五，即喜蓄金石文字。數十年來，所積遂多。屬有天幸，每得善本。惟《修禊敘》未嘗留意，以爲不得定武本，則他刻不足稱也，而祖刻畢世難遇，無望之想，固無益爾。今年夏，有人持書畫數種求市，是刻在焉。裝潢潦草，無題跋印識，而紙墨神采如新，遂買得之。念此紙之留于天壤閒者，將八百年，中閒凡更幾人，曾無豪髮之損，固云神物護持。然使其有一二好古識真之士，爲之表章，重以錦褾玉軸之飾，則當價重連城，爲大力者所據，余又安能有之！物之顯晦遇合，誠有數歟？

趙承旨得獨孤長老本，爲至大三年，承旨年五十有七，其本乃五字已損者。中生承旨後五百年，聲名物力，百不及承旨，今年四十有二，而所得乃五字未損者。中于文章、學問、碑版三者之福，所享已多，天道忌盈，人貴知足，故于科名仕宦，泊然無營，誠自知稟受有分爾。

江都縣學增廣生員先考靈表

唐忠武將軍華之裔繁于歙。當宋嘉祐中，有承清者，居縣西之古唐，至君凡二十五世。君諱一元，字兆初。高祖曰文燿，餘姚縣知縣，有惠政，没而配食於社。曾祖曰應健，壻於鄭重，得其畫法。祖曰鎬京，工詩，喜篆籀，名人通士，多所交接，始遷江都。父曰良澤，善刻印，人尤長者。自君以上，數世咸負異材，擅文藝而不顯。君母喬孺人，懷君七月，痁作而免，無乳，以酒哺之。故既長而弱，孺人彌愛憐焉，十歲猶傅面置膝上。家宿貧，孺人躬井爨，恆使世叔父佐其勞，不以任君。然君事二親，尤順於其志，親没，四時之食，苟未祭不敢嘗。隸學宮二十年，矜名負氣，舍鬻文教學不以食。淵靜好書，星曆、卜筮、聲樂，皆究其微。嘗使中握粟一溢，君以箸畫几算之，即得其數。用時憲法所逆推凡十餘年，與臺官皆密合。君卒，吾母視其藁，訖於乾隆十四年四月，君實以是月卒，蓋以數知之也。

中生凡七歲，寢息嬉遊，未嘗不在君側。會文弔喪，咸置于抱，一食不甘，輒罔罔不自得，鄉黨僚友，莫不異之。迨君即世，然後知君于中父子之恩至深，而爲日至淺，故汲汲用之，惟恐其不盡，即君亦莫能解于心也。君遺書三篋，朱墨遍其上，所手書又一篋。年饑，家室流散，並亡佚，遂無以知君所學。君立身行道，無愧幽明，天既嗇之以位與年，並其言論文采，不傳于後世。蓋依古以來，士之懷道而不遇者，以君爲窮焉。

君之卒年四十有二，葬縣北大儀鄉葉家橋，祔祖父母之右。子二：中，選拔貢生；二庚，殤。女二，適黄塾、畢合。孫喜孫。後三十有八年，吾母將葬於是，摭君之遺事，流涕而書之石，曰：

粤有君子，晢而上僂。雅步嶷然，君子之守。寡笑與言，希接世務。學殖行修，名遇不副。棲遲下里，冥没中壽。百世之藏，尚其無朽。

先母鄒孺人靈表

母諱維貞，先世無錫人。明末遷江都，凡七支，其六皆絶，故亡其譜系。父處士君鼐，母張孺人。處士授學於家，母暇日於屏後聽之，由是塾中諸書皆成誦。張孺人蚤没，處士衰耗，母盡心奉養，撫二弟有恩，家事以治。及歸於汪，汪故貧，先君子始爲贅壻。世父將鬻其宅，先主無所置，母曰：「焉有爲人婦不事舅姑者！」請於處士君，割别室奉焉。已而世叔父數人皆來同爨。先君子羸病，不治生，母生子女各二，室無童婢，飲食衣屨，咸取具一身，月中不寢者恆過半。先君子下世，世叔父益貧，久之散去。母教女弟子數人，且緝屨以爲食，猶思與子女相保。直歲大饑，乃蕩然無所託命矣。再徙北城，所居止三席地，其左無壁，覆之以苫。日常使姊守舍，攜中及妹傫然匄於親故，率日不得一食，歸則藉藁於地。每冬夜號寒，母子相擁，不自意全濟。比見晨光，則欣然有生望焉。迨中入學宫，游藝四方，稍致甘旨之養。母百病交攻，緜歷歲年，竟致不起。嗚呼痛哉！

母忠質慈祥，生平無妄言，接下以恩，多所顧念。方中幼時，三族無見卹者。母九死流離，撫其遺孤，至於成立。母稟氣素强，不近醫藥。計母生七十有六年，少苦操勞，中苦饑乏，老苦疾疢，重以天屬之乖，人事之湮鬱，蓋終其身尠一日之歡焉。論其摧剥，金石可銷，况于血氣！故吾母雖以中壽告終，不得謂其天年之止于是也。嗚呼！生我之恩，送死之戚，人所同也。家獲再造，而積苦以隕身，行路傷之，况在人子！嗚呼痛哉！以乾隆五十二年十月辛丑朔卒，明年三月戊寅，合葬於先君子之墓。其哀子中泣血爲之表，曰：

嗚呼！汪氏節母，此焉其墓。更百苦以保其後，後之人尚保其封樹。

畢尚書母張太夫人神祠之銘并序

惟乾隆四十五年，天子省方南土，鎮洋畢尚書時居母張太夫人憂，在里門，蒙召見於行在，具陳單門早孤，母故名家女，有文學，諸經多其口授，且養且教，至於成人。凡今之得以受恩陳力者，皆母氏之賜。上動容稱善，嘉太夫人之懿節，能勤鬻其子，爲國之楨，用是手書旌之，以成尚書稱善揚名之志。其文凡四，曰「經訓克家」。史臣具書於策，求忠錫類，以爲美談，而國人皆稱願焉，曰：「幸哉，有子如此，可謂孝已。」

初，尚書以太夫人命，居吴縣西之靈巖，閉門誦習，歲且十稔。及兹拜命，乃推本成學策名之所由，爰闢舊館，築樓以奉御書，其西爲祠，共太夫人祀事。既成，命中銘其麗牲之石。中惟古者爵有德而禄有功，其策命之詞，必稱其祖父，以明世選爾勞之美。所命北面，再拜稽首，受書以歸，而舍奠于其廟，作彝器，以論譔其先祖之德善、功烈、勳勞、慶賞、聲名，列于天下。及其車服戈帶之賜，并著於銘，祀其先祖，以對揚天子丕揚休命，而俾子孫萬年永寶用享。尚書本自休寧，既循其宗法，以祀先世祖考，又緣《魯頌·閟宫》别祀姜嫄、《春秋》仲子考宫之義，爲是祠以榮君之命，而昭太夫人之德，祭之以禮，是謂之孝，於法宜銘。

太夫人世居吴縣，丘江縣知縣、誥贈中憲大夫分巡雲南迤西道諱某之女，誥贈榮禄大夫、兵部侍郎兼都察院右都御史、巡撫河南兼提督軍門諱鏞之室。尚書始巡撫陝西之三年，太夫人卒于官所，春秋七十有八。子三，長即尚書，次員外瀧，次知縣某。凡官閥言行，皆載於墓碑，故不備書。銘曰：

緬彼江河，其出有源。族姓將興，必開其先。畢氏之東，時維弱宗。有藐諸孤，時撫於翁。猗嗟女師，蚤明詩禮。言恤其家，言訓其子。若古有教，瞽宗上庠。嗟我師氏，横經北堂。維春維夏，是誦是弦。有子而材，居用勿遷。地道無成，内言不出。是以克家，其占大吉。仲氏高蹈，金玉爾音。季興賢能，中隕鳴琴。顯允尚書，揚于王庭。庇我群生，四國是正。天子曰咨，女維淑慎。予有股肱，實女之訓。訓行於子，功被於世。國資其寶，民食其利。奕奕靈山，有松有柏。寢成孔安，維神其宅。太湖淪瀾，大波如舞。感彼寒泉，興言勞苦。嘉薦維時，籩豆静修。來食來游，永我春秋。君則有恩，母則有教。施于孫子，維以興孝。秩秩魚軒，有來周道。循彼南陔，載言載笑。家室既寧，福禄既成。百年有期，以哀以榮。

吕氏春秋序 代畢尚書作

《吕氏春秋》，世無善本。余向所藏，皆明時刻，循覽既久，輒有所是正。于時嘉善謝侍郎、仁和盧學士並好是書，及同學諸君，各有校本，爰輯爲一編，而屬學士刻之。既成，爲之序曰：

周官失其職，而諸子之學以興，各擇一術，以明其學，莫不持之有故，言之成理。及比而同之，則仁之與義，敬之與和，猶水火之相反也。最後《吕氏春秋》出，則諸子之説兼有之。故《勸學》《尊師》《誣徒》一作《詆役》。《善學》一作《用衆》。四篇，皆教學之方，與《學記》表裏。《大樂》《侈樂》《適音》一作《和樂》。《古樂》《音律》《音初》《制樂》，皆論樂。《藝文志》言劉向校書，别得《樂記》二十三篇。今《樂記》有其一篇，而其他篇名載在《别録》者，惟見于《正義》所引。按本書《適音》篇《樂記》載之，疑劉向所得，亦有采及諸子，同于河間獻王者。凡此諸篇，則六藝之遺文也。《十二紀》發明明堂禮，則明堂陰陽之學也。《貴生》《情欲》《盡數》《審分》《君守》五篇，尚清净養生之術，則道家流也。《蕩兵》一作《用兵》。《振亂》《禁塞》《懷寵》《論威》《簡選》《決勝》《愛士》七篇，皆論兵，則兵權謀、形勢二家也。《上農》《任地》《辨土》三篇，皆農桑樹藝之事，則農家者流也。其有牴牾者，《振亂》《禁塞》《大樂》三篇，以《墨子》非攻、救守及非樂爲過，而《當染》篇全取《墨子》，《應言》篇司馬喜事則深重墨氏之學；甚者吴起之去西河，《長見》《觀表》二篇，一事兩見。惟有《始覽》所謂解見某書者，于本書能觀其會通爾。

司馬遷謂不韋使其客人人著所聞，以爲備天地萬物古今之事。然則是書之成，不出于一人之手，故不名一家之學，而爲後世《修文御覽》《華林偏略》之所託始。《藝文志》列之雜家，良有以也。然其所采摭，今見于周漢諸書者，十不及三四，其餘則本書已亡，而先哲之話言，前古之佚事，賴此以傳于後世，其善者可以勸，其不善者可以懲焉。亦有閭里小智，一意采奇詞奥旨，可喜可觀，庶幾乎立言不朽者矣。其文字異同，已注于篇中，茲不復及。故序其著書之意，以質之諸君子，幸正教之。

江陵萬城堤鐵牛銘 并序　代

乾隆五十三年六月，江陵水溢。皇帝命大學士誠謀、英勇公阿桂、湖廣總督畢沅，大築萬城堤以爲之防，且鑄鐵牛九以鎮之。既成，銘曰：

鉅防槃槃，既築既楗。有牛馮焉，嶷然大件。西峽委波，雲奔山動。帝制五材，以神其用。相爾欣暇，實秉金精。奉天明威，以肅百靈。罔象陽侯，盱睢卻顧。雷淵九回，安流東注。夏后道江，雲夢既陂。鑄鼎知姦，百物是宜。穆穆我皇，明德同美。纘禹成功，南國之紀。

亳州渦水堤銘并序　代亳州知州今任鳳陽府知府儀徵江恂作

乾隆四十三年，河決儀封考城，由渦以注於淮，亳州首受其水，田廬城郭蕩焉。踰年，水宿不去。於時儀徵江恂待罪是土，乃集其僚佐士庶謀曰：「州之域，西至於鹿邑，東至於蒙城，渦貫其中若帶然。自城以外，爲保八十有一，而在渦南者，五十有二。是其地於三垂爲大，且州治在焉。渦之北方彌爲河，恃渦以洩之，是不可防也。❶今立堤於渦陰，水循堤而東，西、南之田可得而食，水涸而土沃，其收自倍。水北之人，得資以養。十萬之衆，安坐而仰食，將不可繼，任之以事，無攘奪之憂，無離散之苦。水不壞城，北關之外，商旅百貨之所湊。河復故道，留堤以爲郛，設險重閉，市里不恐。是有五利焉。」則皆曰：「善。」

二月之吉，天地和調，日中而永，土墳而剛，時以興事，可以經遠。版幹畚築，艾獵慮其事；大下小上，敬仲作其功；地防理孫，匠人因其勢；游波寬緩，待詔陳其策。監于成憲，則罔有愆。役不踰時，是曰如志。其廣四丈，外綳半之，以其綳爲之崇。東自支家林至季家灣，西自草寺至河礓溜，隨水委宛，長千五百八十丈。越月，水復大至，浸及堤之半，邑以安堵。南境大穫，舉州食之不能盡。於是亳人曠然知堤之利也。年穀順成，衆飽而嬉。坊與水庸，是祝是饗。營室昏正，乃圖後功。自河礓溜爲

❶「不可防」，方濬頤校勘記云：「初刻本作『不可不防』。」

堤，西抵楊家橋，接於鹿邑，長五千三百九十丈。盡亳之竟，與渦爲緣，廣與崇皆視前堤。富衞其居，貧利其食。是故任力而不勞，施財而不費，後雖有水患，亳勿與知焉。

惟天子惠保庶民，恤然若將不及。自河始災，出入二載，所振貸以大萬計。封疆之吏，奉宣德意，無敢不共。而恂展布其四體，大懼隕越，以速官刑。當水之始至，輒假便宜，發粟與帑，以急民命。大府矜容，日有賞譽。東堤既成，據以入告。勤民能事之褒，章於王言。明年省方南國，蒙恩召見。曾不浹月，連擢右職，遂忝方面。無望之福，愧於非據。既將去是州，遂爲文紀其功日財用，遠邇基址，以告亳之民與後之守是土者，而係之以銘。其辭曰：

河水洋洋，溢於南土。哀我殫人，逃死何所？集于中澤，離彼曠野。閔兹鴻鴈，厥匪兕虎。爰爲大防，以固吾圉。百堵既興，式歌且舞。父誡兄勉，應我鼛鼓。抱若弓輪，磬折參伍。明神相之，於渦之浦。是涸是淤，長我禾黍。官不失職，厥爲民母。歲埤增之，柏楊是樹。民得其饒，以生以聚。用刻此詞，俾紹厥後。

釋　印

黃山民治地，獲銅印二，外員内方，圍某寸，徑某寸。文曰「管軍萬户府印」，其背曰「中書禮部監造」，二印同。一治平三年月，一太平三年月。江都汪中釋之曰：

漢之軍，以言乎一營也。唐之軍，以言乎一道也。宋之軍，以言乎一州也。元、明之軍，以言乎一人也。「管軍」者，元諸路號也。「萬户府」，元官。有上萬户府，管軍七千之上，達魯花赤一員，萬户一員，俱正三品；副萬户一員，從三品。中萬户府，管軍五千之上，達魯花赤一員，萬户一員，俱從三品；副萬户一員，正四品。下萬户府，管軍三千之上，達魯花赤一員，萬户一員，俱從三品；副萬户一員，從四品。其官皆世襲，有功則升之。明之諸衛，實仿其法。其蒙古諸路及屯田、砲手萬户府，名號至多，則隸樞密院、御史臺，領中書禮部者，元制也。禮部，尚書省屬官。元世尚書省凡三置三罷，而中書省終元世如故，故禮部屬于中書也。

曰「治平三年」者，羅田人徐壽煇據蘄水爲都，國號天完，僭稱皇帝，改元治平，其三年當至正之十三年，歲在丙戌也。元諸帝及僭僞諸國，無以「太平」紀年者，印既同製同文，則壽煇固嘗以是改年與？壽煇所置官，若鄒勝爲太師，陳友諒爲平章事，皆沿元制，其置萬户，無足異耳。壽煇以至正十一年十月僭號，十三年十二月爲江浙行省平章事伯顔帖木兒等所敗，棄蘄水遁走。十五年正月，其將倪文俊敗寬徹普化軍，復據漢川。明年正月，倪文俊建僞都于漢陽，迎壽煇據之，其改元必在是時，史無文以知之矣。壽煇自起兵至死，凡十年。至正十九年，陳友諒以江州爲都，迎壽煇居之。越五月，而爲友諒所弒。若改元于江州，不得有三年矣。其形製之異，蓋亦别于官印與？

自序

昔劉孝標自序平生，以爲比迹敬通，三同四異，後世誦其言而悲之。嘗綜平原之遺軌，喻我生之靡樂，異同之故，猶可言焉。夫亮節慷慨，率性而行，博極群書，文藻秀出，斯惟天至，非由人力。雖情符曩哲，未足多矜。余玄髮未艾，野性難馴，麋鹿同游，不嫌擯斥，商瞿生子，一經可遺。凡此四科，無勞舉例。

孝標嬰年失怙，藐是流離，託足桑門，棲尋劉寶；余幼罹窮罰，多能鄙事，賃舂牧豕，一飽無時，此一同也。孝標悍妻在室，家道轗軻；余受詐興公，勃谿累歲，里煩言于乞火，家構衅于蒸梨，蹀躞東西，終成溝水，此二同也。孝標自少至長，戚戚無懽；余久歷艱屯，生人道盡，春朝秋夕，登山臨水，極目傷心，非悲則恨，此三同也。孝標夙嬰羸疾，慮損天年；余藥裹關心，負薪永曠，鰥魚嗟其不瞑，桐枝惟餘半生，鬼伯在門，四序非我，此四同也。

孝標生自將家，期功以上，參朝列者十有餘人，兄典方州，餘光在壁；余衰宗零替，顧景無儔，白屋藜羹，饋而不祭，此一異也。孝標倦游梁楚，兩事英王，作賦章華之宮，置酒睢陽之苑，白璧黃金，尊爲上客，雖車耳未生，而長裾屢曳；余簪筆傭書，倡優同畜，百里之長，再命之士，苞苴禮絶，問訊不通，此二異也。孝標高蹈東陽，端居遺世，鴻冥蟬蜕，物外天全；余卑棲塵俗，降志辱身，乞食餓鴟之餘，寄命東陵之上，生重義輕，望實交隕，此三異也。孝標身淪道顯，籍甚當時，高齋學士之選，安成類苑之編，國門可縣，都人争寫；余著書五車，數窮覆瓿，長卿恨不同時，子雲見知後世，昔聞其語，今無其事，此四異也。孝標履道貞吉，不干世議；余天讒司命，赤口燒城，笑齒啼顔，盡成辠狀，跬步才蹈，荊棘已生，此五異也。

嗟乎！敬通窮矣。孝標比之，則加酷焉。余于孝標，抑又不逮。是知九淵之下，尚有天衢；秋荼之甘，或云如薺。我辰安在，實命不同。勞者自歌，非求傾聽。目瞑意倦，聊復書之。

哀鹽船文附序

《哀鹽船文》者，江都汪中之所作也。中早學六義，又好深湛之思，故指事類情，申其雅志。采遺製于《大招》，激哀音于變徵，可謂驚心動魄，一字千金者矣。或疑中方學古之道，其言必期於有用；若此文，將何用邪？荅曰：中目擊異災，迫于其所不忍，而飾之以文藻。當人心肅然震動之時，爲之發其哀矜痛苦，而不忘天之降罸。且閔死者之無辜，而吁嗟噫歆，散其冤抑之氣，使人無逢其災害，是《小雅》之旨也。君子故有取焉。若夫污爲故楮，識李華之精思；傳之都下，寫左思之賦本。文章遇合之事，又末而無足數也。仁和杭世駿序。

乾隆三十五年十二月乙卯，儀徵鹽船火，壞船百有三十，焚及溺死者千有四百。是時鹽綱皆直達，東自泰州，西極于漢陽，轉運半天下焉，惟儀徵綰其口，列檣蔽空，束江而立，望之隱若城郭。一夕并命，鬱爲枯腊。烈烈厄運，可不悲邪！

于時玄冥告成，萬物休息。窮陰涸凝，寒威凛慄。黑眚拔來，陽光西匿。群飽方嬉，歌咢宴食。死氣交纏，視面惟墨。夜漏始下，驚飈勃發。萬竅怒呺，地脈盪決。大聲發于空廓，而水波山立。于斯時也，有火作焉。摩木自生，星星如血。炎光一灼，百舫盡赤。青烟睒睒，熛若沃雪。蒸雲氣以爲霞，炙陰崖而焦爇。始連檝以下碇，乃焚如以俱没。跳躑火中，明見毛髮。痛暑田田，狂呼氣竭。轉側張皇，生塗未絶。倏陽燄之騰高，鼓腥風而一吷。洎埃霧之重開，遂聲銷而形滅。齊千命于一瞬，指人世以長訣。發冤氣之君蒿，合游氛而障日。行當午而迷方，揚沙礫之嫖疾。衣繒敗絮，墨查炭屑。浮江而下，至于海不絶。亦有没者善游，操舟若神。死喪之威，從井有仁。旋入雷淵，并爲波臣。又或擇音無門，投身急瀨。知蹈水之必濡，猶入險而思濟。挾驚浪以雷奔，勢若隮而終墜。逃灼爛之須臾，乃同歸乎死地。積哀怨于靈臺，乘精爽而爲厲。出寒流以浹辰，目睊睊而猶視。知天屬之來撫，慭流血以盈眦。訴强死之悲心，口不言而以意。若其焚剥支離，漫漶莫别。圜者如圈，破者如玦。積埃填竅，攦指失節。嗟貍首之殘形，聚誰何而同穴！收然灰之一抔，辨焚餘之白骨。嗚呼哀哉！

且夫衆生乘化，是云天常。妻孥環之，絶氣寑牀。以死衞上，用登明堂。離而不懲，祀爲國殤。兹也無名，又非其命。天乎何辜，罹此冤横！游魂不歸，居人心絶。麥飯壺漿，臨江嗚咽。日墮天昏，悽悽鬼語。守哭迍邅，心期冥遇。惟血嗣之相依，尚騰哀而屬路。或舉族之沈波，終狐祥而無主。悲夫！叢冢有坎，泰厲有祀。强飲强食，馮其氣類。尚群遊之樂，而無爲妖祟。人逢其凶也邪？天降其酷也邪？夫何爲而至于此極哉！

大清故國子監生洪君妻蔣氏墓誌銘并序

乾隆四十二年十月，友人洪禮吉喪其母。既月將葬，以書來請誌其墓。誌曰：

母蔣氏，世爲武進人，雲南嶍峨縣知縣諱斆淳之女，國子監生洪君諱翹之室人也。始洪氏以行義毁其家，母歸十餘歲，而監生卒，家益窘。母忍死撫其子女。恆遇年饑，或自屑糠覈食之，而以食食其子，子泣不食，則母亦泣。母知書明大義，教禮吉嚴而有法。凡爲子作衣，必如其大父及父時制度。禮吉客外久，衣或更其式，見之輒怒，曰：「一衣尚隨俗遷轉，他事何能自立！」禮吉所與友，必請于母。里人某者數過其家，母曰：「是非端士，緩急且有變。」及母卒，某竟不赴弔。娣婦余早寡，母以子迪吉爲之後，返諸家而與之寢處。督禮吉葬其三世七棺。初，監生與通州盛聰善。監生在殯，比户失火，聰冒火翼其棺。聰没，一子年四十不能娶，母斥禮吉裝舉其事，聞者義之。先是，母嘗曰：「吾三女皆有壻，二子婦事我謹，我即死，願此十人者皆得侍我，乃不恨。」及卒，九人者皆在側，惟禮吉逐食於處州。故其奔喪也，有過禮焉。悲夫！母之卒年六十有三。其葬在某山某原。銘曰：

懿維碩人，蚤罹百辜。往悼我儀，居傷藐孤。嫠室慺慺，百憂孔煎。堅冰苦蘖，銷我盛年。孝子媞媞，有婦有孺。白日幽泉，迫我前路。當家之毁，在生猶死。及子之才，宜樂反哀。殄我一身，延我一宗。於家爲吉，於身爲凶。日月有時，依其同室。凡百女師，視此貞石。

瞽瞍説

舜之父見於《堯典》者，曰「瞽」而已。《左氏傳》《孟子》《吕氏春秋》《韓非子》則皆曰「瞽瞍」，此非其名，乃官也。《春官·瞽矇》有「上瞽」「中瞽」「下瞽」，《周頌》謂之「矇瞍」。《周語》曰：「瞽告有協風至。」《左氏傳》師曠曰：「吾驟歌北風，又歌南風。」《鄭語》曰：「虞幕能聽協風以成樂物生者也。」《左氏傳》曰：「自幕至于瞽瞍，無違命。」然則瞽之掌樂，固世官而宿其業，若虞夏之后夔矣，不必其父子祖孫皆有廢疾也。《吕氏春秋・古樂》篇曰：「帝堯立，乃命質爲樂。質乃效山林谿谷之音以歌。注：「質」當爲「夔」。乃以麋鞜置缶而鼓之，乃拊石擊石以象上帝玉磬之音，以致舞百獸。瞽瞍乃拌五弦之瑟，作爲十五弦之瑟，命之曰『大章』，以祭上帝。舜立仰延，乃拌瞽瞍之所爲瑟，益之八弦，以爲二十三弦之瑟。」是其據也。唐虞之際，官而不名者三：四岳也，共工也，瞽也。司馬子長易其文，曰「盲者子」，失之矣。

嬪于虞解

嬪，婦也。虞，國名，其君瞽瞍也。舜爲出子，居于嬀汭，堯以二女女之，所謂不告而取也。既嫁而就虞，以見于舅姑，然後婦道成焉。故曰「嬪」。《詩》曰：「來嫁于周，❶曰嬪于京。」先言嫁，後言嬪，義與此同。諸侯以國爲氏，公子體君，亦得稱之。史伯曰「虞幕」，若「晉重」「魯申」矣。四岳曰「虞舜」，若「鄭子華」「吴季札」矣。然則瞽瞍之君虞，明矣。

---

❶「嫁」，原誤作「嬪」，據《詩・大雅・大明》改。

王基碑跋尾

魏東武景侯王基碑殘文，乾隆初紀出于洛陽土中，凡十九行。前三行行二十二字，第九行九格，止十二字，第十四行十字，餘皆二十一字。碑字裁刻下方，其上方尚未開鑿，出土之日，朱書粲然，郃陽秦習謙所親見。而工人止知椎拓，無有録其全文者，遂致滅没，深可惜也。碑所書歷官事蹟，悉與傳合，惟卒年七十二，爲史所略。按基之卒在景元二年，上距建安五年康成之卒，凡六十二年，其時基財十歲，其于鄭君，非親炙也。《後漢書》特以基據持鄭義，常與王肅抗衡，遂列基于門人，不若《魏志》但言入琅琊界游學爲得實。碑述王氏出自王子成父，錢少詹事以爲必有所本。按碑云「孫湫違難，爲萊大夫」，仲孫湫見于《閔元年》傳，是時萊猶未滅，無緣以齊臣爲之大夫。馮商言張湯與留侯同祖，漢世敘述世系，已多傅會，殆未可信也。

老子攷異

《史記·孔子世家》云：南宫敬叔與孔子「俱適周問禮，蓋見老子云」。《老莊申韓列傳》云：「孔子適周，將問禮于老子。」按老子言行，今見于《曾子問》者凡四，是孔子之所從學者，可信也。夫助葬而遇日食，然且以見星爲嫌，止柩以聽變，其謹于禮也如是。至其書則曰：「禮者，忠信之薄，而亂之首也。」下殤之葬，稱引周、召、史佚，其尊信前哲也如是。而其書則曰：「聖人不死，大盜不止。」彼此乖違甚矣。故鄭注謂古壽考者之稱。黃東發《日鈔》亦疑之，而皆無以輔其說，其疑一也。本傳云：「老子，楚苦縣厲鄉曲仁里人也。」又云：「周守藏室之史也。」按周室既東，辛有入晉，《左傳·昭二十年》。司馬適秦，《太史公自序》。史角在魯。《呂氏春秋·當染》篇。王官之族，或流播于四方，列國之產，惟晉悼嘗仕于周，其他固無聞焉。況楚之于周，聲教中阻，又非魯、鄭之比。且古之典籍舊聞，惟在瞽史，其人並世官宿業，羈旅無所置其身，其疑二也。本傳又云：「老子，隱君子也。」身爲王官，不可謂隱，其疑三也。

今按《列子·黃帝》《說符》二篇，凡三載列子與關尹子荅問之語。《莊子·達生》篇與《列子·黃帝》篇文同。《呂氏春秋·審己》篇與《列子·說符》篇文同。而列子與鄭子陽同時，見于本書。《六國表》鄭殺其相駟子陽，在韓列侯二年，上距孔子之没，凡八十二年。關尹子之年世既可攷而知，則爲關尹著書之老子，其年世亦從可知矣。《文子·精誠》篇引《老子》曰：「秦、楚、燕、魏之歌，異傳而皆樂。」按燕終春秋之世，不通盟會，《精誠》篇稱燕自文侯之後，始與冠帶之國。《燕世家》有兩文公。武公子文公，《索隱》引《世本》作「閔公」，其事蹟不見于《左氏春秋》，不得謂始與冠帶之國。桓公子亦稱文公，司馬遷稱其予車馬金帛以至趙，約六國爲從，與文子所稱，時勢正合。文公元年，上距孔子之殁，凡百二十六年。老子以燕與秦、楚、魏并稱，則老子已及見文公之始强矣。又魏之建國，上距孔子之殁，凡七十五年。而老子以之與三國齒，則老子已及見其侯矣。《列子·黃帝》篇載老子教楊朱事，《莊子·寓言》篇文同，惟以朱作「子居」。今江東讀朱如居。張湛注《列子》云「朱字子居」，非也。《楊朱》篇禽子曰：「以子之言問老聃、關尹，則子言當矣。以吾言問大禹、墨翟，則吾言當矣。」然則朱固老子之弟子也。又云：「端木叔者，子貢之世也。」又云：「其死也，無瘞埋之資。」又云：「禽滑釐曰：『端木叔，狂人也，辱其祖矣。』段干生曰：『端木叔，達人也，德過其祖矣。』」朱爲老子之弟子，而及見子貢之孫之死，則朱所師之老子，不得與孔子同時也。《説苑・政理》篇：楊朱見梁王，言治天下如運諸掌。梁之稱王，自惠王始。惠王元年，上距孔子之殁，凡百十八年，楊朱已及見其王，則朱所師事之老子，其年世可知矣。

本傳云：「見周之衰，乃遂去至關。」《抱朴子》以爲散關，又以爲函谷關。按散關遠在岐州，秦函谷關在靈寶縣，正當周適秦之道，關尹又與鄭之列子相接，則以函谷爲是。函谷之置，書無明文。當孔子之世，二崤猶爲晉地，桃林之塞，詹瑕實守之。惟賈誼《新書・過秦》篇云「秦孝公據崤函之固」，則是舊有其地矣。秦自躁懷以後，數世中衰，至獻公而始大。故本紀獻公二十一年，與晉戰于石門，斬首六萬；二十三年，與魏、晉戰少梁，虜其將公孫痤。然則是關之置，實在獻公之世矣。由是言之，孔子所問禮者，聃也，其人爲周守藏之史，言與行則《曾子問》所載者是也。

周太史儋見秦獻公，本紀在獻公十一年，去魏文侯之殁十三年，而老子之子宗爲魏將，封于段干。《魏世家》：「安釐王四年，魏將段干子請予秦南陽以和。」《國策》：「華軍之戰，魏不勝秦，明年，將使段干崇割地而講。」《六國表》：「秦昭王三十四年，白起擊魏華陽軍。」按是時上距孔子之卒，凡二百一十年。則爲儋之子無疑。而言道德之意五千餘言者，儋也，其入秦見獻公，即去周至關之事。本傳云「或曰儋即老子」，其言韙矣。

至孔子稱老萊子，今見于《太傅禮・衛將軍文子》篇，《史記・仲尼弟子列傳》亦載其説，而所云貧而樂者，與隱君子之文正合。老萊子之爲楚人，又見《漢書·藝文志》，蓋即苦縣厲鄉曲仁里也。而老聃之爲楚人，則又因老萊子而誤。故本傳老子語孔子「去子之驕色與多欲，態心與淫志」，而《莊子·外物》篇則曰：老萊子謂孔子：「去汝躬矜與汝容知。」《國策》載老萊子教孔子語，《孔叢子·抗志》篇以爲老萊子語子思，而《説苑·敬慎》篇則以爲常樅教老子。《吕氏春秋·慎大》篇「表商容之閭」，高誘注：「商容，殷之賢人，老子師也。」商、常，容、樅，音近而誤。《淮南·主術訓》「表商容之閭」注同。《繆稱訓》：「老子學商容，見舌而知守柔矣。」《吕氏春秋·離謂》篇：「箕子、商容以此窮。」注：商容，紂時賢人，老子所從學也。然則老萊子之稱老子也，舊矣，實則三人不相蒙也。若莊子載老聃之言，率原于道德之意。而《天道》篇載孔子西藏書于周室，尤誤後人。寓言十九，固已自揭之矣。

宋世系表序

沈約《宋書》表不傳。今采宋氏宗室之見紀傳者，輯爲此篇，且序之曰：

宋武帝受終晉室，自永初改元，至于昇平之末，凡五世六十年。本支百二十九人，其被殺者百二十有一，而骨肉自相屠害者八十。當齊初紀，彭城之族蓋有存者，而帝之血屬并長沙、臨川二系斬焉。夫一興一廢，國家代有，凡在公族，休戚同之。是以商孫不億，侯服于周。漢世王公，争言符命，當易姓之際，忍耻事讎，并爲臣僕，以全生保姓者，有矣。未有君臨天下，傳序九君，一朝革命，覆宗絶祀，殄無遺育，如宋氏之甚者也。方其完如景平，治如元嘉，威如大明，國祚未傾，群生咸遂。而父子兄弟，日翦月屠，如恐不及。甚至舉宗就戮，禍及嬰兒，使幼者不得長，壯者不得育，遂致宗姓寡弱，王室陵遲，奸雄睥睨其旁，拱手以成斷流之禍，豈不哀哉！或者謂武帝起自布衣，經營天下十有餘年，竟成王業，于時晉室宗親，誅鋤略盡，而同力舉義之人，罕有存者。創業垂統，取濟一時，非有積德累仁之舊。婁敬、干寶之陳言，稍已迂闊而遠于事情矣。昔漢魏末世，雖見偪奪，而歷年傳嗣，終保元吉。下至昌邑、海西，猶得盡其天年，未至公然操刃也。自平固解璽，人望未絶，武帝因之，以傾桓氏。殷鑒在夏，零陵遂以不免。自是以降，禪代之君，異世同轍，而君親殺戮之禍，相沿而莫之革，實自帝始。象人以殉，猶或無後，況乎身爲戎首，禍流異代，而欲子孫令聞長世，豈可得哉！當帝踐阼之初，威德在人，中外帖服。所長慮卻顧、莫克遑息者，惟故主耳。及其擠被告殂，子孫磐石之計，雖至今存可也。曾不再稔，而前事之師，繼體之元子，先嘗其害。豈所謂天道好還，爲法自敝者乎！後嗣之陵夷，又其所矣。

嗚呼！無一民尺土之籍，戰必勝，攻必取，總攬英才，振厲風俗，遺令詔繼嗣之意，信乎人傑矣。謂禍患之來，不可逆知，務增修于德，而毋或多殺不辜，以爲之備。斯三古哲王所以祈天永命也。

泰伯廟銘并序

吳之有君，自泰伯始。民之初生，負其血氣，咸有争心。有聖人作，制爲君臣長幼之節，教之以禮讓，然後民志以定，群居而不亂，則黄帝、堯、舜其人也。當此之時，大江之南，五湖之閒，水草所鍾，蛇龍居之，聲教所不暨。及泰伯舍其冢嗣，而自竄於荊蠻，實治周禮，其民化之，戴以爲君，而吳由是成國。於後周公相成王，制禮作樂，爲周道之極盛。而句吳之興，乃在其三世百年之前。山川之氣，與王化會，而此焉開其先。於中國有黄帝、堯、舜焉，於吳有泰伯焉，開物成務，其功一也。洎夫周室既東，王者迹熄。而季札審樂，言、游習禮，論交於上國，受學於孔氏，文武之道，具在於兹。大哉泰伯！讓以造周，禮以化吳，王業既成，民俗遂變。迹行論功，惟至德不足盡其美。法施於民，列在祀典。漢吳郡太守麋豹，實始建祠。虞潭以下，有舉莫廢。自陽人成聚，甬東不達。王季、仲雍，迄用不祀。而泰伯血食兹土，百世不遷。禮所謂「諸侯祭，因國之在其地而無主後」者，斯其義與！歲在彊圉，道出祠下，仰瞻榱桷，有懷德音。而雅頌不歌其事，金石刻畫，掌故蔑聞，用作是詞，以代周樂。銘曰：

惟江外方，作裔於揚。自伯徂東，吳業以光。緜緜吳土，惟伯之宇。簡其卉服，資以章甫。有筍有蒲，有魴有鱮。胡耇既康，爰實賓俎。青質之羽，爰教野舞。伐管會稽，和以土鼓。三江環之，靈氣所煦。萬物嘉生，莫克自舉。天啓之心，譬彼時雨。顯允周道，海濱是肇。二南未興，當殷末造。文公多藝，實章詩樂。上溯姜嫄，暨於烈考。嗟嗟伯氏，自他有燿。西虞其宅，不登清廟。閒於弦歌，太師靡教。惟此吳人，永世丕冒。爲而不有，孰得而稱。刻此樂石，文獻其徵。

述學別録

講學釋義

講，習也。習，肄也。肄，講也。《國語》「三時務農，而一時講武」，《春秋傳》「大雩講于梁氏」，又「孟僖子病，不能相禮，乃講學之」，《月令》「孟冬之月，天子乃命將帥講武，肄射御角力」是也。古之爲教也，以四術。《書》則讀之；《詩》《樂》同物，誦之，歌之，弦之，舞之，揖讓周旋，是以行禮，故其習之也，恒與人共之。「學而時習之」，「有朋自遠方來」，所謂君子以朋友講習也。傳曰：「宵雅肄三。」又曰：「臣以爲肄業及之。」皆謂此也。學人習之，其師則從而告之。《記》曰：「小學正學干，大胥贊之。籥師學戈，籥師丞贊之。春誦夏弦，大師詔之。瞽宗秋學禮，執禮者詔之。冬讀書，典書者詔之。」曰學、曰贊、曰詔，必皆有言，故于文，「講」從「言」。其行禮也，或謂之相，或謂之傳，一也。孔子適宋，與弟子習禮大樹下。魯諸儒講禮鄉飲、大射于孔子冢，皆講學也。禮樂不可斯須去身，故孔子憂學之不講。後世群居終日，高談性命，而謂之講學，吾未之前聞也。

釋夫子

古者孤卿大夫皆稱子。子者，五等之爵也。《周官·典命》：「公之孤，四命，以皮帛，眂小國之君。」《大行人》：「大國之孤，其禮眂小國之君。」《春秋傳》：「列國之卿，當小國之君。」小國之君，則子、男也。子、男同等，不可以並稱，故著子去男，從其尊者。王朝則劉子、單子是也。列國則高子、國子是也。王朝生稱子，没配謚稱公；列國生稱子，没配謚亦稱子，此其别也。稱子而不成詞，則曰「夫子」。夫者，人所指名也。其見《春秋傳》者，曰「夫固謂君」，曰「夫豈不知」，服云：「夫謂鬬伯比。」曰「夫石猶生我」，服云：「夫謂孟孫。」曰「夫不惡女乎」，服、杜並云：「夫謂太子。」曰「夫獨無姻族乎」，杜云：「夫謂晉。」曰「夫亦愈知治矣」，杜云：「夫謂尹何。」曰「女夫也必亡」，杜云「夫謂華亥」是也。以夫配子，所謂取足以成詞爾。凡爲大夫，自適以下，皆稱之曰夫子。孟獻子，穆伯之孫，穆伯之二子，親爲其諸父，而曰「夫子」。崔成、崔彊稱其父，亦曰「夫子」。故知爲大夫者，例稱夫子，不以親别也。孔子爲魯司寇，其門人稱之曰「子」，曰「夫子」。後人沿襲，以爲師長之通稱，而莫有原其始者。《左氏春秋·昭七年》：孟僖子召其大夫曰：「我若獲没，必屬説與何忌於夫子，使事之。」疏云：「身爲大夫，乃稱夫子。此時仲尼未仕，不得稱爲夫子。以未仕之時，爲仕後之語，是丘明意尊之，而失事實。」益知唯卿大夫得稱夫子也。

釋厲字義

戴君云：《衛風》「深則厲」，《説文》作「砅」，云：「履石渡水也。」《爾雅》則曰：「以衣涉水，由帶以上爲厲。」此《爾雅》之失，當从《説文》。

中按：《説文》「砅」或作「濿」，「厲」乃「濿」之省文，「𣶒」下亦云：「徒行厲水也。」二文正通，非《爾雅》之失。履石渡水爲厲，以衣涉水，由帶以上亦爲厲，一文二義，未可偏廢。《詩・有狐》「在彼淇厲」，《楚詞》「石瀨兮淺淺」，瀨與砅同，此「履石渡水」之「厲」。《列子・説符》篇「孔子自衛反魯，息駕乎河梁而觀焉，有縣水三十仞，圜流九十里，魚鼈弗能游，黿鼉弗能居，有一丈夫，方將厲之」，此「以衣涉水」之「厲」。《詩・都人士》「垂帶而厲」，傳：「厲，帶之垂者。」《方言》：「帶之垂者謂之厲。」禮，大帶垂三尺。涉水則垂者先濡，此又因由帶以上之「厲」，轉相訓而生是名也。「深則厲」之義，以《爾雅》爲長。

釋郢

《孟子》「文王卒于畢郢」，趙氏注止云：「畢郢，地名。」僞疏則云：「郢，楚都，在南郡。」此固邈不相涉。按《周書・史記解》：「畢程氏以亡。」《呂氏春秋・具備》篇云「武王常窮于畢裎矣」，高誘注：「畢裎，畢豐。」「裎」之爲「豐」，亦無其據。《周書》云：「王季宅程。」又曰：「文王在程，作《程寤》《程典》。」《召南譜》正義云：「程亦在岐南，是周地之小别。」皇甫謐云：「文王徙宅于程。」「豐在京兆鄠縣東，豐水之西，文王自程徙此。」《皇矣》詩云：「度其鮮原，居岐之陽，在渭之將。」正義以爲即程邑。然則郢、裎、程止一地，形聲小異耳。

六國獨燕無後争義

顧處士以秦滅六國，獨燕無後，謂燕棄其宗枝。中謂六國，燕弱且僻，至易王始見于史，所載國事多略，公侯卿大夫亦罕。今其見者，曰市被，曰騎劫，曰栗腹，曰卿秦，曰將渠，曰鞠武，皆將相大臣，無以定其非同姓也。秦滅六國，世家于韓曰虜王安；于趙曰顔聚亡去，以王遷降，又破嘉，遂滅趙；于魏曰虜王假，遂滅魏；于楚曰虜楚王負芻；于燕曰虜燕王喜，卒滅燕；于齊曰秦兵入臨淄，王建遂降，遷于共。而《淮南子》言遷流于房陵。《列女傳》言秦殺假，誅群公子，滅其族。《貨殖傳》言虜卓氏。《信陵君傳》言屠大梁。《貨殖傳》言遷宛孔氏。秦之威虐所及，世家不具也。以秦之切齒于燕，既并天下，逐太子丹，荆軻之客皆亡。漸離變名姓，爲人庸，既以善擊筑得赦。則王喜、太子丹豈有種乎？《高帝紀》云：「高祖曰：秦始皇帝、楚隱王、陳涉、魏安釐、齊湣王、趙悼襄皆絶。」《張耳陳餘傳》云：「秦爲無道，破人國家，滅人社稷，絶人後世。」據此則六國值暴秦之世，並國滅無後，未可咎燕宗之不振也。且六國之立，特豪傑假其名號，以收人心，非必爲本枝計也。韓廣將兵徇燕地，燕故人、貴人、豪傑謂韓廣曰：「楚已立王，趙又立王，燕雖小，亦萬乘之國也。願將軍立爲燕王。」是時楚立陳勝，趙立武臣，燕之立韓廣，亦何異哉？處士博學詳説，中所服膺，而斯言則不核，故爲争之。

五諸侯釋名

《史記·項羽本紀》：「漢王部五諸侯兵，東伐楚。」《漢書》同。五諸侯，塞王欣、翟王翳、河南王申陽、魏王豹、韓王信也。漢二年，漢王東略地，塞王欣、翟王翳、河南王申陽皆降。韓王昌不從，使韓信擊破之，更立韓太尉信爲韓王。三月，漢王從臨晉渡，魏王豹將兵從。此其國土、其位號、其兵皆具，故數之也。章邯方受圍于廢丘，司馬卬已爲漢所虜。則應邵有雍與殷，如淳、徐廣無韓有殷，韋昭無河南有殷者，皆非也。張耳跳身歸命，何士卒之足言？留侯多方誤楚，豈可爲據？師古之説荒矣。

荅錢少詹事問

問：《陳書》本紀：太建五年，左衛將軍樊毅克廣陵楚子城；六年，廣陵金城降；十二年，周廣陵義主曹藥率衆入附。以上三條所云廣陵，今之江都乎？抑後魏僑置之廣陵乎？

承問《陳書》宣帝太建五年、六年、十二年所云廣陵，皆在今揚州府治之北四里，漢之廣陵國，隋之江陽縣也。陳承梁亂，淮南州郡，或陷或存。廣陵則爲南兗州如故也。太建五年，則樊毅乃從吴明徹北伐，當時兵路，由江入淮，由淮入泗。六年，則新克壽陽，江北兵力正盛，楚子城、金城，蓋軍戍之別壘，爲齊人所據者。故《樊毅傳》云「攻廣陵楚子城，拔之，擊走齊軍」是也。若曹藥之附，乃當太建十一年淮南盡亡之後，其時亦得其一隊之人，而未嘗得其地。《本紀》云「南北兗晉三州及盱台、山陽、陽平、馬頭、秦、歷陽、沛、北譙、南梁等九郡，民并自拔向建鄴」，亦此類也。是時周於廣陵置吴州總管，爲重鎮矣。義主《南史》作「義軍主」，於辭義爲完。陳、齊、周交兵，南極建康，北極吕梁，西極壽陽而止。若魏僑置之廣陵，乃分東豫州置，據《隋志》，東豫州在汝南新息縣，陳之兵力所不至。且魏興和中所置，至此或併或廢不可知，且又人户不滿二千，無緣別有城戍也。

荅人問

問：郊用牲，而《易傳》曰：「聖人亨以享上帝。」豈亦有體薦折俎歟？

荅：《周語》禘郊之事，則有全烝。鄭注《内饗》：「實鼎曰脅。」烝、脅古今字耳。《禮器》《郊特牲》「郊血，大饗腥，三獻爓，一獻孰」，注：「血腥爓孰，遠近備古今也。尊者先遠，差降而下，至小祀孰而已。」中謂天子祭宗廟及郊，並血、腥、爓、孰具。群小祀及大夫士祭，其先薦孰而已。上得兼下，下不得僭上。韋昭訓烝爲升是也，云「禘郊皆血腥」，則未盡也。既云全烝，則牲體不解可知。《記》稱「函牛之鼎」，蓋爲是用與？郊有燔燎，正祭止有特牲。熊氏、皇氏以爲分牲體而用之。

唐玄宗鶺鴒頌跋尾

唐玄宗行書今存于世者，惟《金仙公主碑》及《石臺孝經》後之批荅，手書並豐勁，氣象偉如，望之心懾。所謂五十年太平天子者，猶令人想見其盛。此書筆致翩翩，可云具體，行閒時有米法，或疑爲元章所摹。然元章善于仿古，往往亂真。果出其手，亦可謂買王得羊矣。據《集古録》稱，王沂公舊有刻本，今不可見。此卷較戲鴻堂所刻，豪髮無異，故知是其底本。思翁精鑒，自當先得我心也。

徐季海書朱巨川告身跋尾

《宣和書譜》收唐人告身凡三十有六，今其存者惟此本耳。自洪武中尚書開濟刊定文書，頒行新格，唐宋以來舊式，後人遂無由得知。此本戲鴻堂、快雪堂二刻均删去官階，但存署名，意在從簡，不若停雲館所刻顔書朱巨川告身之爲得體也。其勅由中書而門下，而尚書，當日三省職掌如是。侍中、中書令，罕正授者。中興後，勳臣、方鎮率多爲加官，雖不判省事，猶列其官。《崔祐甫傳》載朱泚、郭子儀事，亦其例也。尚書省諸官，自署其名，而中書、門下二省皆令史所書者。告身爲尚書吏部之事，故于中書、門下二省，但録其文，若今之鈔白也。尚書但有左丞者，以左丞總吏、户、禮三部也。署名不署姓者六人，曰鴻漸、綰、慶、涣、亞者，杜鴻漸、楊綰、裴遵慶、蔣涣、杜亞也。鴻漸、綰、遵慶、亞及元載，皆有傳，蔣涣見《崔玄暐傳》。于時遵慶年且九十，可謂衣冠盛事。曰「察、延昌」者，《宰相世系表》有王察、李延昌，皆值是時，未知即其人否。郗昂有《樂府古今題解》三卷，見《藝文志》。此告舊傳爲徐季海書。季海是時自廬州召入，復爲中書舍人。中書舍人，職地尊嚴，書告本非其職；或本人自以情求之，則有之矣。其筆勢沈雄，具有怒猊抉石、渴驥奔泉之狀，固知非季海不能也。

此跋爲畢尚書作。

雲麾將軍碑跋尾

《雲麾將軍李思訓碑》所書歷官，皆與史合，史蓋采碑以爲傳也。思訓嘗爲江都令，李北海乃其縣民。其曰「姪吏部尚書兼中書令集賢院學士修國史」者，林甫也。林甫爲思訓弟揚州參軍思誨之子。開元二十二年五月，林甫以黄門侍郎爲禮部尚書、同中書門下三品，此則資淺望輕，所謂以它官兼攝、其名不正者也。至二十四年十一月，進兼中書令，則已爲真宰相，而「同中書門下三品」之銜不復稱之矣。此則開元時之令式也。其爲吏部尚書，則爲二十七年四月事，是時北海年六十有三，此碑之立，當在其後矣。又八年，而林甫搆杜有隣獄，北海遂以枉死。文字之緣，不足以庇其身，林甫之賊虐，蓋可畏哉！

《雲麾碑》書法出於大令，變本加厲，益爲勁險。其於用筆之法，可謂發泄無餘矣。米元章、趙子昂、董元宰，各以書雄一代，其實皆從此碑得法。故是碑實法書之津逮也。

懷素草書千字文跋尾

懷素自題云「貞元十五年，年六十三」，當以開元二十五年生，至貞元中已爲尊宿。《郎官石書記》在二十九年，則人書俱老，《自敘帖》所謂「恨不與張顛長史同時」是也。

右軍草書，正如德驥，馳騁之氣，固而存之。虔禮之譏子敬，元章之議張旭，正病其放爾。此卷沈鬱權奇，生氣勃勃，而求以右軍之法，不失豪釐，無復怒張之習，可謂草法中興，書家之聖。在于唐代，惟《書譜》足以相抗。往者安氏得《書譜》真跡，刻以行世，世謂之「千金帖」。此本可與之争席矣。

王澍給事嘗謂右軍以後，惟智永草書《千文》、孫過庭《書譜》足稱繼武，可謂知言，然余惜其未見此本也。三家之學右軍，各不相謀，譬如九方皋之相馬，得其精而忘其粗，得其内而遺其外，是所謂深造自得者，然外此亦罕嗣音矣。顔魯公、楊少師草書，意外雄奇，于右軍要爲别派爾。

日對此書，莫名其美。憶唐太宗論右軍書云：「烟霏霧結，狀若斷而恆聯；鳳翥鸞翔，勢如奇而反正。」可謂善于形容者矣。請爲素師誦之。

此跋爲畢尚書作。

高府君墓誌跋尾

高力士本馮盎曾孫，爲延福養子。延福無他才能，以力士之故，生與其寵，没揚其名，蓋有天幸焉。誰非人子，苟欲保世亢宗，尚念之哉！汪中贈謙之學書并題。

孫季良見《新唐書·文苑傳》。延福又有神道碑，張燕公撰，見《文苑英華》九百三十一卷。志云「開元十年卒，年六十三」，碑作「十二年，年六十四」，未知孰是。碑及《唐書·宦者傳》皆云名延福，蓋以字行也。

定武石刻修禊敘銘

嗟余薄祜，居賤且貧。晚獲此寶，期没吾身。存莫之敓，亡或以殉。哀而聽之，實爲仁人。

定武修禊敘篋銘

雲門在梁，昭陵以玉。鮫龍守之，舟行不覆。

揚州營游擊白公頌并序

古之政典，自軍將至於伍長，皆取備於六鄉之吏。平日則治其夫家井牧飲射讀法之事，有故則授之兵，而掌其徵令，於事無不當爲，故恩信在人，周知閭閻之疾苦，而所至有功。兵農分而文武異其用，武臣雖存心利物，而勢有所不得爲，故功蓋天下，而不足以得民心。夫事不越職，而道濟于生人，此公之所以不可及也。公以侍衛歷官揚州營游擊，以恤以練。士氣既作，政肅人馴，罔或群飲譁于市者。凡利民之事，若迫于身。宣德達情，政無迴隱，追胥糾暴，人告其心。他吏或耽逸非度，畏公清直，輒逡巡斂迹。雖臧穀婦子，莫不尸而祝之，灑然如出一口。而公之德政，尤在救火。城市窮鄉，陽燄一發，則匹馬如風，萬人辟易，而至騰踔火中，燎及鬚眉，指揮水龍，應手而滅。是以自公至而火不爲菑。夫兵猶火也。先王以火政，昭顯天地之光明，化腥臊而救時疾，其利庶矣。燎原之勢，不可嚮邇，于是乎以生人之道殺人。兵者凶器，聖人作之，以威不軌，于是乎以殺人之道生人。周以司爟隸夏官，而掌行火之政令。天生五材而並用之，蓋以兵火爲官聯，而公能舉其職者也。比之攻城野戰，勦民命以爲名者，其功爲大。《詩》曰：「凡民有喪，匍匐救之。」豈非仁人之利哉！蟄居發策，每攬古賢人治績，和風甘雨，成物樂生，恨不生及其時，謳詠其行事，況在下風，敢忘休烈？公白氏，名雲上，河内人。頌曰：

猨臂頎頎，渥丹其顔。駿馬錦衣，赫如神人。吮創分甘，即之也温。譆譆出出，灼我頭頟。朱旂四麾，烟銷煤息。熒惑風師，嗚喑卻立。原土不焦，萬瓦猶赤。擊鼓刲羊，酺醵有懌。作此好歌，以紀文石。

師君贊

日料鹽穀，千人以活。既安既集，歸乎井溢。村名，師姓所居。凡百君子，視此淳德。水毁木饑，歲無我阨。

褊箴

峭厲峻急，不集其福。汎愛容容，游心自得。弓張必弛，以養其性。在醜孰尊，惟學之競。華嶽倚天，其麓則平。陂澤流惡，不疾以清。與爲其高，寧爲其大。廓如渾如，庶無災禍。

朱先生學政記敍

乾隆三十六年，先生以翰林院侍讀學士提督安徽學政，以十一月甲子到官。既歲考徧科，考及安慶，甫卒事，用造册誤，左遷去，在官凡二年。

先生敦厚有大度，篤念故舊，然廉正無所苟，自其少時，已負盛名。既迴翔翰林二十年，爲通人學士所歸宿。故所至常務扶樹道教，以人材經術名義爲急。於婺原得故歲貢生江永，故處士汪烜，上其書於朝，且祀諸紫陽山，合食於朱子。於亳得陳烈女，於阜陽得張烈女，於和州得薛孝子，爲立碑冢上，率有司以特牲祭其冢，皆身不接其人，其事不領於學官，而激揚慨慕，若恐不及。旌門配祀，潛德用光，百世之下，聞其事者感焉，豈所謂樹之風聲者與？信乎大賢之德長也。

先生教不一術，其要以通經習小學爲大端，凡所甄引，咸著於録。嘗慨史文闕略，蒐所部金石遺文，得三百餘通，别爲《安徽金石志》三卷。拾遺刊謬，俾古事昭晳，於真文忠公講學丹陽及元張羽奉事不屈事尤覈。

先生既被議，天子仍置諸翰林，領四庫書局。諸生樂先生之教而惜其去，重念古者行人之職，固以萬民之禮俗政事教治刑禁之逆順爲一書，反命於王，以周知天下之政，因屬中次其事跡，兼仿趙商《鄭志》之例，釐爲四卷，俾後之教者有所取法。先生於人多所愛，故居官常過於厚，彊其所不足；而慎終如始，則先生優爲之矣。旃蒙敦牂病月謹敍。

龍潭募建避風館疏

江東之渡，秦漢以上在江乘。自齊濬開伊婁河，乃下趨於京口，而龍潭當其中，爲唐昇州下蜀戍地，往來者多取徑焉。地屬句容，治爲句容城。北行七十里，至此入河。又東北行二十里，至龍趵州，始出大江。又北行二十里，至青山，爲儀徵地。又東行十里，至新河，江路自此止。又東行十里，至儀徵城。其江北上岸下船皆新河，其江南上岸下船皆龍潭。新河居民旅店相鱗次，風不利則就宿焉，故行者無所苦。龍潭既去江遠，包以迴沙複嶼，蓬葦蒲柳相參錯，故風水之信，嘗不得而悉。及船達江口，其地荒野無人跡，而船率露版無篷，不可以栖宿。或雨雪日暮，加之皇迫，故顛風怒濤，必犯險而渡焉。當其時，中流而滅没在望也，號呼寃痛之聲相聞也，而勢不能以中止。舉不訾之軀，明知其畏途也而蹈之，至于併命魚腹，一瞑而萬世不視，是可哀也。若其顛連驚悸，病惑失志，遂爲棄人者，又時時有之，而財物之亡失，則不足道已。

今度龍趵洲之南高卬之地，夏水所不至者，造草屋三間，中祀江神，召僧之强幹願慤者主之，仿京口之制，榜曰「避風館」。官爲條教，不可使胥役與其事。凡南來之船，遇風則止其下，就宿者人三錢。歸之僧，飲食聽之。貧者量減其數。風止乃行，于船錢勿有增損，以龍潭埠户領之如故。且天險既夷，行者日多，維舟人亦無不利焉。此地舊爲江船所停泊，又句容漕船，每歲經此，交兑百物，市易之利，久而自滋。若使居人稠聚，更建汛地，北對青山，營爲江南屏蔽。守望相助，盜賊鹽梟，並得資其防緝。至龍潭差役既繁，船多敝漏，尚將召募紅船二，以備不虞，今其力不能遽集也。建屋之費，約銀二十兩。館始建，恐四方行旅不能知，僧無所得食，酌與薪米銀十二兩，共應用銀三十二兩。凡諸樂善之人，幸相與成之。

嗚呼！人生實難，況非死所。井有人焉，君子可逝？是故無惻隱之心，非人也。《易》曰：「澤上有地，臨。君子以教思无窮，容保民无疆。」其所以使天下之民，無一夫不被其澤者，蓋以是矣。

與劉端臨書

汪中再拜敬致端臨足下：

曩者中與次卿爲深友，次卿没而中不復有出境之交，以爲疾病死亡之際，不能自必於一見，適以負疚於朋友，故不如其已。雖然，中自里閈生長，以至宦學四方，道路之中，所與朝夕游處者，何可勝計，而心許者無過三數人。至於抗志希古，尚友其人，如及其時而與之進退揖讓，又何必於吾身親見之而後爲樂哉！故中與端臨，聞名而思，既見而相許，不數日而遽别，離索之感，常爲悁結於心。然念他山攻錯之義，誠使學業行誼，表見於後世，而人得知其相觀而善之美，則百年易盡，而天地無窮，今日之交，乃非偶然，離散之故，又不足言也。

中見族兄觀魯，道足下涵養寧静之言，以爲深中吾病，相對咨嗟累日。觀魯曰：「君往者不受人言，而今心折劉君者，有説與？」中曰：「往者人之立言，其始欲摧我以求勝，其卒歸乎毁方以媚於世，是適足以發吾之激昂耳。劉君欲吾養其德性，而無騁乎血氣，此吾所以服也。」足下天資清粹，穆然有道之人，學問之事，吾何閒然？惟是居官莅事，必求其實用，毋使文法俗吏，得以妄訾儒者。至於犯顏敢諫，仗節死義，則必常持斯志，以成吾浩然之氣。此小心慎密之久，恆足以有爲也。自惟生平風義，不當爲世俗可市之言，遂爾快意纍纍。又朋友相字，禮也，故欲與端臨行之。天寒，伏惟勉食自愛，心慰遠人。臨書惘然。中再拜。

與端臨書

正月二十一日汪中頓首，謹致端臨大兄足下：

去年十月，中得四月見寄一書，知留京教學，以待決科，于足下謀生之計甚得。即會試不可必，或上館得一教職，亦足爲養親地，貧不可長忍也。正歲再得書，知有是正文字數條，惜未及指示一二。中于經文，亦有是正數處，幸足下教之。

《堯典》「光被四表」，僞孔傳訓「光」爲「充」。戴君云：「『光』當作『横』，本與下句爲對舉。」中按：鄭君治《古文尚書》，《詩·噫嘻》箋云：「噫嘻乎能成周公之功，其德已著，至矣，謂光被四表，格于上下也。」《周頌》詩譜引此亦作「光」字。《噫嘻》正義引注云「言堯德光燿及四海之外」，此鄭注也，其非「横」字明矣。《漢書·宣帝紀》甘露二年，「陛下聖德，充塞天地，光被四表」，然則「光」又不可以「充」訓也。古音横、黄同聲，黄从「芡」，古「光」字，則又不必易「光」爲「横」也。

《多方》云「天惟五年須暇之子孫」，于義不了。《周頌・武》正義引《書》云：「天惟五年，須暇湯之子孫。」有一「湯」字，其義方足。《文苑英華》七百五十二卷朱敬則《北齊文宣論》則云「須夏湯之子孫」，又以「暇」爲「夏」，義亦得通，此异文，不可不知也。

《執金吾武榮碑》「亦世載德」，《楊震碑》「亦世繼明綏民」，《校尉熊君碑》「亦世載德」，李翕《西狹頌》今在成縣。「亦世賴福」，《中常侍樊安碑》「亦世載德」，樊毅《修華嶽廟碑》「亦世克昌」，《先生郭輔碑》「休矣亦世」，並見《隸釋》。「亦世」即「奕世」也。然則《大雅》之「不顯亦世」，乃「丕顯奕世」耳。顧處士已釋「不」爲「丕」，其「奕世」，則中所得也。

《月令》注「有娠」，《釋文》：「音身。又音震。」然則《詩》「大任有身」，「載震載夙」，《左氏傳》「方震大叔」，「身」「震」並與「娠」同也。

《禮記》「壹戎衣」，《康誥》及《左傳・宣六年》所引，皆云「殪戎殷」。殷、衣鄭注已言之；「壹」即「殪」之誤也。凡此諸條甚多，惜不得一一爲足下言之。

去年交歙程舉人瑶田、洪中書榜。二君與金殿撰，于戴君之學，皆可云具體。又長夏客江寧，與錢少詹事相處，日夕談論甚契，惜不能爲足下詳説之。程君今在豐潤，時來都中，客歙縣會館。其人有體有用，不可不内交之。李成裕客彭侍郎幕中，王懷祖竟無出山之志，二人俱衰病侵尋，日多鬱抑。李君相見時，每以足下篤信宋人爲恨。君子之學如蜕然，幡然遷之，未審比來進德修業，亦嘗發寤于心否？所諭鳩集文字，中亦素有此志。然中之志，乃在《述學》一書，文藝又其末也。道遠會稀，相思何已！諸惟珍玉，不盡拳拳。汪中頓首。

上竹君先生書

八月二十三日門人汪中頓首奉書先生門下：

七月初劍潭至，曾肅一書奉上。嗣得誠齋先生書，知入夏病瘧甚憊，因欲往歙省之，計可謁先生於黄山。適以秋熱侵人，老母舊疾舉發，是以不果來。南望悵悵，心靡所届。在昔樹人之計，敬仲期以百年；容善之臣，秦穆思其有利。眼前碌碌諸公，非先生尚誰與任之哉！是故責望愈深，而引之愈力；負累愈衆，而處之愈豪。愛憎毁譽之端，遇之而平。恢奇慢易之習，投之而融。乞假沾被之情，竭之而滿。然則先生蓋亦樂乎此而不反也，斯其所以大與！

中汩于習俗，碌碌無成。於古人爲學之方，至今歲始窺其門户。任重道遠，莫能自致，群疑衆難，就正末由，其汲汲無歡可知也。里中人事，數月來頗爲衰減。光伯叩城，竟以凍死。楚望談經，終日未飯。恐爲其續，柰何！方公有事上之敬，有下士之禮。在公之門者，程檢討及中，皆其部民，而中尤有賴焉，被先生之蔭無已也。嗚呼！人生而有群，於是有交相爲用之勢；勢迫而事起，於是有作而致之之情。以此知人生之難也。《尋珊竹公墓詩》一卷呈上。中久不親丹槧，數年不復作詩，覼之輒爲失笑。李朝陽者，嘗於程檢討座上見之，其視中藐焉，蓋杜温夫其人也。劍潭日常鬱鬱，中與之燕語，以爲非壽者之徵，今不知何如矣。有書敢乞致之。伏惟起居萬福。汪中頓首。

上朱侍郎書

十二月十五日，汪中叩頭謹上夫子門下。七月中，紀綱北上，奉到手書及犀角華莢聯舟器一件。中母於七月朔棄養，凡在遠道，俱未告哀，故未敢赴於左右。中方居苫塊，準之於禮，非喪事不言，故不獲敬問起居。今葬雖未舉，而時日淹遲，已當三虞卒哭之後，意人事其可通乎？母氏食貧守志，于衰宗有再造之功。中撰墓銘一篇，表述先德，鬻子之閔，鮮民之哀，具載于篇。少暇當録一本呈上，故兹不詳及。其石之首，大書七字，曰「汪氏母勞苦之碑」，惟夫没從子之義，凱風寒泉之思，章于來世，庶幾不朽。敢乞夫子銜名題之，資于清德，以發幽光，夫子其哀而許之乎！巡撫畢侍郎今歲買書畫七百餘兩，參术之費，喪葬之資，咸取給焉，誠可感也。向蒙夫子爲中致書，是以及之。中叩頭。

再有請者：秀水鄭贊善，一代名德，且與先師學士有淵源之舊，身後有子三人，皆貧不自立。然清門世學，文行修飭。其第三子師亮，經年臥疾，若存若亡。第七子師靖，寄食亳州，僅能餬口。第八子師愈，才調最美，比于贊善，可云具體而微，又善星命，以之入世，雅俗共賞。向依金糧儲。糧儲用財，有坤道之吝嗇，今又卒官，鄭君益無所託。表康成之里，字任昉之孤，不於夫子，其誰望之！且其人國子監生，未有考校之事，薦以一館，無嫌也，夫子豈有意乎？中與鄭君久不相見，時念之，故敢陳乞，幸垂意焉。

與巡撫畢侍郎書

汪中頓首，謹覆書年伯弇山先生閣下。得手教，及與鹽政全公書，竊以爲閣下之德量，古人未之有也。何者？古之人雖好士，必見其人而後好之；而閣下乃施之于其所不相識之人。推是心也，天下之士，其有一人不被公之澤者哉！比公移節河南，歲事不登，荒政具舉。飢而不害，維古有之。若大旱用作霖雨。又云百姓望君如歲，於公見之矣。昔子産治鄭，西門豹治鄴，汲黯治淮陽，黄霸治潁川，虞詡治朝歌，張全義治洛陽，並以良績光于史策。公既兼其地，又兼其政，邦家之光，民之父母，斯則中之所企注者耳。

中少日問學，實私淑諸顧寧人處士，故嘗推六經之旨，以合于世用。及爲考古之學，惟實事求是，不尚墨守。所爲文，恒患意不稱物，文不逮意，不專一體。重蒙君子賞譽，輒欲盡寫所作，以奉清娱。值夏暑侵人，重以病目，日月推遷，竟無成緒。夷門之報，不在片言半詞。先生覽其遺事，亦可量中之心矣。中向者于周秦古籍，多所校正，于《墨子》已有成書。誠不及先生所刊之精確，不敢自匿所短，謹録序目奉上。又有後敘篇，在季仇書中，伏乞教之。射陽石門畫像，東漢時物，其石今在中家，謹以打本二奉上。《東京夢華録》，何焯學士所校，亦奉左右。先生行部之日，按籍而稽，當用發深慨耳。

與劒潭書

正月二十四日中白：足下以孤子爲母氏所成就，克有聞于世，凡其相習者，與之言則必及其母；凡其有文者，則必求爲之述其母。《記》曰：「君子之所謂孝也者，國人稱願然曰：『幸哉，有子如此！』可謂孝也已。」其子之謂歟？　雖然，子之所望於人者，不過狀嫠室之艱貞，敘生我之勞瘁，當世號爲女宗，國史懷其舊俗，如是而止矣。竊以爲虚文無濟，未足以充子之志也。以中所見，大抵爲寡婦者，必壽其子；苟成也，則家必昌，雖貧也必孝，此天道之可知者。然當始孤之日，蒙穉無知，其親血氣堅壯，疾疢不作，而飢寒愁痛，斲削萬端，使不得一日遂其性。洎其子成人授室，門户再造之日，方思從容頤養，以娱暮年，而精力奄亡，苶然槁木，葠苓粱肉，無補于既敝之身。是憂患之日，則其親既當之，而以傷其生；安樂之日，則妻子僕妾皆得與享之，而親轉不能堅其命，豈非生人之至痛哉！是雖日用三牲之養，曾不若及其壯而日一再食之爲美也。　孟子曰：「鰥寡孤獨，天下之窮民而無告者，文王發政施仁，必先此四者。」然吾觀先王之世，耆老孤子，則司門、遺人得以委積財物養之，惟寡婦無聞。餘夫授田，見《周官·遂人》及《孟子》；閒民無常職，轉移執事，見《大宰》及《詩·載芟》疏；蘧篨、戚施、侏儒、矇瞍、聾聵，官師之所材，見《晉語》，皆不及寡婦。《無逸》謂文王惠鮮鰥寡，約言之耳。《王制》云「皆有常餼」，與《孟子》同，不知何王之制。《魏書·食貨志》：太和九年行均田法，寡婦守制者，雖免課，亦授婦田。列史此外所見，當更考之。　故大田多稼，至于遺秉滯穗，始得取之以爲利。而夫死妻穉子幼，無大功之親，于是有同居不同居繼父之服，豈非人道之窮，雖聖人亦不能事爲之制歟？

議曰：凡州縣察其寡婦之無依者，必良家謹愿者。造屋一區，爲百閒，閒各户使居之，命之曰「貞苦堂」。外爲門，有守門者。門左爲塾，凡其兄弟親戚之男子來省者，待于其所，以其名族召之，則出見之，非是不得入。婦有姑若子女三人者，月給米一石，錢二百，終歲綿六斤，布五匹，其多少以是爲差。任以女工絲枲之事，而酬其直。門右爲庫，有主藏者，非六十以上不得充，主門者亦如之。擇鄉大夫之敦篤有智者總其事，出入贏縮之節，官吏不得問焉。今蘇州冬日賑粥即此法，人甚賴之。門外爲社，有師一人，凡孤子五歲至十歲者學焉，命之曰「孤兒社」。三年視其材分志趣，而分授以四民之業，然而必通《孝經》，解字體。至十六，度能自食其力，以次減其廪。至二十，則舉而遷之於外。其賢者能者既老，則使掌其堂之事，各修其業，以教社之子弟。其富且貴者，十分其貲，而三入之堂，訖于其身。凡民雜犯，自杖以下，視其輕重而要之，使入其財於堂。遠鄉若有屋不入堂者聽之，廪之如在堂者。此其大略也。其它損益之，惟其人。此事所憂者，財不足耳。經費之所出，不可豫定，惟不宜置田，以田有水旱之虞，且須關白布政司也。多一監臨察核之法，即生一吏胥耗蠹之弊，馴至案牘滋而實意亡矣。荀子曰：「有治人，無治法。」吾子志之。是故哀苦蕉萃之狀，日聚而相習，則夜哭之感不生，而從一以終者衆矣。少蓄其力，則老而不衰，而孝子得以終其養矣。幼有所長，而督之以恆業，則夫人思自奮而材智出矣。

國家法紀明備，百度具舉。若養濟院、育嬰堂、漏澤園，蓋皆養生送死恤老慈幼，以周萬民鬻阸也。惟兹堂之設，而風化以厲，人材以起，又非徒哀其煢獨而已。往乾隆丙子，桂林陳公巡撫江蘇，屬年飢，命節婦之貧者，親族共周恤之，以全其操，誠大臣之言矣。然是時吾母子方流離乞食，而三族之富人無問者。無亦文告之感人者淺歟？吾子志之，它日得志，或行之一府一縣，使四方以爲法，或告於上而頒之天下，以爲令典，使經世大法，《詩》《書》所載，三代聖王之所不及，而今日行之，後世考其良法善政，而曰自汪某之爲其母始，惟其母之賢以至于是。則所以貽之令名者，豈有既哉！《詩》曰：「孝子不匱，永錫爾類。」《記》曰：「博施備物，可謂不匱矣。」夫是之謂大孝。是謂得人之歡心，以事其親。吾子勉之！中懷斯痛，劇于常人。自以放廢之身，有母且不能養，天地一罪人耳。鬱鬱之心，敢以望之足下。凡孤子之得行其志者，並以告焉。使當世不獨有能爲是言者，則幸矣。中白。

與朱武曹書

汪中再拜武曹足下：曾子有言：往而不返者，年也。中往與成裕、足下相見，序其歲，相次以九年。惟足下無家室人事之累，年壯而身逸，則其爲學也易矣。有遠見之識，有淳篤之性，有力學之志，有父兄朋友之益，是天以儒者之業責武曹也，不可以不勉。傳曰：「民生在勤，勤則不匱。」荀卿子曰：「鍥而舍之，朽木不折；鍥而不舍，金石可鏤。」盛年不再，日力可惜，願足下之循序而持久爾。中嘗有志於用世，而恥爲無用之學。故於古今制度沿革、民生利病之事，皆博問而切究之，以待一日之遇。下至百工小道，學一術以自託，平日則自食其力，而可以養其廉恥。即有饑饉流散之患，亦足以衛其生。何苦耗心勞力，飾虛詞以求悦世人哉！此吾藐然常有獨學之憂，而願與足下勉焉者也。凡端臨書所已及者不復言，足下可取視之。前期相見，未知何日。竊在下風，以俟嘉譽。中再拜。

繁昌縣學宮後碑系代繁昌縣知縣葉一彪作

澤宮五遷，卜茲其吉。年百而踣，高宇爲坯。作其秩祀，唯哲是率。民順如流，決湍倏忽。我來自南，既築既營。作則弗見，乃逮其成。貞石巍巍，言樹之坊。直道繚垣，周以欞星。四阿崇屋，閎我享堂。日光麗宇，丹碧浮采。高標隱空，霞駁雲靡。椒壁朱塵，曲奧潭潭。晝入居陰，在暑不炎。松柏蒙翳，有來鶴群。清風舒陂，璧水沄沄。金莪虎負，翠削當門。東西房户，其下維廡。先師國故，明神攸處。濟濟生徒，比舍如鱗。鼓篋升堂，曳裾紆紳。雒誦琅琅，朱絲應節。涼飈宵發，清揚四徹。國不立學，民曷以教？凡此成勞，用俾世效。匪惟成之，又潤色之。終事告備，我其力之。物嬗而敝，孰繩其迹？敢昭告於後人，視此不忒。

浙江始祀先蠶之神碑文并序

凡物生天地之閒，其功可被於萬民，其精氣著爲列象，則必有聰明睿知之人，竭其心思，變通以盡其利，而後世奉以爲神，社稷五祀，是其官也。生民之業，惟食與衣。祈報由弭，田事爲多。先嗇司嗇，歲不乏享。公桑所禮，則維天駟。意農祥昏覿，適當蠶月，取于同物，比於龍見而雩，而嫘祖之祀無聞。《周官》放散，是有遺典。不然，禮貴反本，功無不報，老婦貪人，猶歆其祭，況神黄帝之妃，西陵氏之女，方雷所出，姬姓是宗，淳化昆蟲，垂衣裳而天下治，弼成内政，其功如是。豈有周人修陰禮而没其先妣者哉！漢決以讖，菀窳、寓氏，名實不經。魏祀軒轅，加牢無配，秩宗不修其職，學士莫考其文，禮失則昏，其來遠矣。宋氏南遷，保聚江湖。吴越之郊，蔚爲桑土。蠶之豐歉，利恆倍於穡事。乾隆五十有九年三月，寒雨洊至，蠶比不登。皇帝從浙江巡撫侍郎臣某之請，立廟於杭州城東艮山門之右，以奉先蠶。人神同嗜，屋而不壇。嘉薦孔時，無俟奉種。於是自有熊以降，緜越千紀，始定爲天子命祀。領以祠官，神靈受職。大報冠帶衣被天下之功，創制顯庸，於斯爲至。其年十月，臣中游學是土，欣見嘉會，用敢珥筆，以美形容。其辭曰：

咨古生民，衣皮蓁蓁。不田不漁，或裸其身。有物蠕蠕，莫知其利。天牖哲人，曲爲之制。禦我寒威，亦昭行禮。以蔽以章，遂修人紀。凡在能言，自别攸始。外薄四荒，咸遵厥軌。蔽前有知，猶象以韠。矧矣制器，闕焉不食。禮亡祭法，詩失樂章。民志靡依，神用弗康。百世以俟，惟聖有作。赫赫明命，神具來格。歲秩其常，靈宇式啓。百職駿奔，有牷有醴。慎制國典，三古所逸。刊石海隅，以爲民極。

巴予藉别傳

予藉故富家，生而通敏，眉目踈秀，身纖而皙。少好刻印，務窮其學，旁及鐘鼎款識，秦漢石刻，遂工隸書，勁險飛動，有建寧、延熹遺意。又益蒐古書畫器用，及琢研造墨，究極精美，羅列左右，入室粲然。其父弗善也，顏其居曰「可惜」，予藉不能改。又善交游，自通人名德，勝流畸士，下至工師樂伎，偏材曲藝之美，莫不一見洒然，如舊相識，周旋款密，久而不衰。或欺紿攫奪，予藉惛惛不之校。他日遇之，則又如故。予藉好棋，及馳馬、度曲，遇名山勝地，佳時令節，可喜可愕之事，未嘗不身在其間。竟數十年，由是大亡其財，且日病。晚爲人作書自給。數年賣其碑刻，尚三千金。然其愛之彌甚，節嗇衣食，時復買之。乾隆五十八年夏，游江都，卒。

予藉雖貧以死，然其聲名流溢士大夫閒，其遺跡所在有之，惜在治生，不在好古也。是故埏埴以爲器，方圓具矣，而天機不存焉。巧工引手，冥合自然，覽之者終日不能窮其趣，然而不可施之以繩墨。知此者，可與語予藉矣。余與予藉同歲而交深，一別五年，相距數千里。余篤疾再生，而予藉適至，所欲與談諧者何盡，而竟不及一見而死。豈余與予藉朋友之緣，固止于是與？悲夫！予藉名慰祖，歙之漁梁人，卒年五十。

葉天賜母汪氏家傳

母汪氏，歙之某村人。年二十有一，適同縣處士葉君鼎熙。未三月，處士適興化，遘疾卒。有遺腹孤，逾八月而生。始生，母悲且喜曰：「天賜也。」遂以名其子。家宿貧，數遭艱窶。母奉養老姑，撫前妻女，具有恩禮。教其子，嚴而有法，日夜望其成立。子幼，每循墻立，母輒以爪刻其尺寸，視兒加長則喜。始就傅，隨從父望齡於繁昌。既長而歸，母子驟不相識。兒入門，母見兒卻立。兒呼曰：「母安在？」母曰：「在此矣！」曰：「兒某也。」遂相抱持哭，室中人皆哭。天賜客四方，力致甘旨於母，取婦生子，家以再立。乾隆二十二年，有司以母節行聞於朝。凡婦人年未三十而寡，更三十年，得旌其閭。先是，母有姑王氏，居嫠室四十餘年，以夫亡時年逾三十，不得應旌典。母曰：「禮，子雖齊聖，不先父食。先姑苦節，吾所逮事。而吾顧以年受旌，是婦蓋其姑也，人其謂我何？」天賜懼，更請於巡撫侍郎胡恪靖公寶瑔，疏王之節，榜於家廟，由是母之坊始立。母卒年七十有四。天賜執喪有禮。與中久，故因次其事。

提督楊凱傳

楊凱字賡起，儀徵人。少喜讀書，所交多奇材劒客，習知兵法。聖祖時，以武進士爲乾清門侍衛，從幸湯山，賦詩稱旨，命與汪灝、陳彭年等，在武英殿編纂《物類輯古略》。出補湖廣督標中軍守備，遷鎮筸前營遊擊。鎮筸所在箐林谿洞，紅苗四出劫掠，急則走匿，吏不敢詰。凱有知略，所至悉知夷險地勢，多置閒諜，人樂爲用命。其兵法尤善用奇。野牛塘寨目龍老四、龍老馬，恃險固，甚横，數至中軍土橋坳殺人。寨據山巔，壁立二十餘里，四面嶃巖如削。前一徑通人行，窈冥幽仄，盤曲上下，官軍肉薄仰攻，無不死者。凱得熟苗吴大武，言山後有路，人跡荒絶，自此上至寨，可十餘里。凱陰爲部署，會兼中營遊擊，日調其兵至本營，唱名已，而飲酒距超爲樂。賊易之，不設備。凱乃勒兵夜馳百二十里，絶溪河七十餘道，未至寨二三里而止。賊急乘險下木石，而凱軍去寨遠，不可得傷。俄而銃數響，四山鳥鎗火礮齊發，塵燄漲天。守備温如琦率兵自山後入其寨，賊倉卒反走，前後夾擊，大破之。賊多燒殺及投崖死，塹谷皆平。獲賊首數百人，縱其餘數千人爲民，寨遂墟。

中軍狗補寨寨目吴老羅至瀘溪，劫人取質。凱盡中左前右四營兵勦之，久之未發。沿途諸生苗數十寨，陰爲老羅耳目，度官軍即發，非十日不至。而凱潛率師五百，別由烏巢河、糯糖山，用兩日入其寨，俘老羅歸。既數日，大路諸寨苗乃覺，皆駴怖，稱天兵。明年，勦卡洞寨苗吴老卡、吴老戳。營既立，凱便衣從十騎出營覘賊，遇賊數千人至。于是凱去營五十里矣，乃麾其騎曰：「吾衆寡不敵，若止賊且不測，即退，是自敗也。」遂據險接戰。會日暮救至，收其兵而止。凱曰：「賊度我方困，必不復往。兵法所謂攻其不備，可一鼓擒也。」因急擊，虜之。遷參將，署辰州副將。

桑植土司某、保靖土司彭御彬淫虐不法，總督福敏請改設流官。世宗命凱兼桑植副將，以便宜摘印。凱檄辰州協守備王肅文、九谿協守備鈕正己，由九谿至桑植，由桑植至保靖。彭御彬聞之，盡撤其衆守桑植。而凱率鎮筸右營參將王進昌、永順土司彭肇槐，由北河至保靖，獲彭御彬并其黨，送長沙，桑植由是遂潰。彭肇槐亦因凱請，以永順歸内地，併其地爲永順府永順、保靖、龍山、桑植縣，凱更爲永順副將。明年遷鎮筸鎮總兵。

湖北美容土司田旻如横惡不道，結忠建等十九土司，侵慈利石門縣，抗命不出對質，勅凱討之。凱度旻如兵精而衆不附，急則死鬭，緩則可不戰而下，乃整兵壓其地，馳使諭其下曰：「旻如重斂淫刑苦役，以逞其欲，慈父孝子忍死而莫之抗者，豈其力不足以制一土官哉，尊天子之命吏，畏國法也。皇上不忍百姓無罪，將去其疾，而旻如保險跳梁，抗拒王命，是作賊也。百年無事，食其土之有，以長子孫，民皆王臣，受國恩厚矣。黨惡不義，逆命不祥，且焉用養害以自戚也。夫内脱其苛虐，而外享忠順之名，孰與助寇仇以陷大戮乎？」未幾，其下果縛旻如出。旻如畏罪縊死，遂定其地，不戮一人。以其地爲鶴峯州長樂縣。忠建等十九土司，亦請歸土官印，以其地爲施南府施恩、宣恩、來鳳、威豐、利川、建始縣。貴州台拱、丹江紅苗亂，接壤鎮筸。凱控扼險阻，首尾援擊，賊以窮蹙。大兵乘之，得就戡定。當是時，鎮兵盡出，所在紅苗嘯聚，謀乘虛竊發，城中人洶洶。凱急募兵數百人，日夜四出巡徼，所至變其旗幟衣服，以次踐更。群苗疑募兵大集，憚不敢發，人心以安。天子數下書褒美，賞賜甚渥。今上即位，遷湖廣提督。

凱由守備兩任游擊，三任副將，一任總兵，至提督，歷二十年，終始不出湖廣。凡破寨三，改土司二十有三，闢府二，州一，縣十有一，夷夏讋服，威信大著，苗民終其身不復亂。總督史貽直以事劾其失職，凱上疏自辨，且不即受代，由是革職。乾隆十六年，天子南巡至高郵，召見凱，命仍以總兵用，從幸杭州，授河南河北鎮總兵。會澤州水漲，注丹沁河，決河内、武陟二縣。凱督兵塞之，具以事聞。其後歸仁、利濟二渠又決，壞懷慶護城堤十餘丈，而薪盡不屬。凱出布帛數萬裹土下，卒塞之。後數日，巡撫鄂容安至，劾其干預民事，且以密旨示人，遂再革職。二十五年，與賀皇太后萬壽，命降二等給銜。卒年八十二。

凱執喪盡禮，喜接士大夫。兄謙爲天津鎮總兵，糜餉數千金，凱傾其資償之。子二：甲、寬。甲更名文淵，成進士。

論曰：土司自唐宋以來，因亂撫定其地，假其兵力，遂羈縻之，固非神明之後，有功德于民，如古諸侯封建也。後世恃險與富，虐害生民。天討既加，如出水火，與夫將帥之臣，假邊事以要功者，異矣。遭時承平，天子神武，奉國威靈，竭其智勇，所向成功。而凱説禮樂而敦《詩》《書》，有古名將風。然剛烈而不能下人，卒以不振云。

書周義僕事

寶應潘愷僕周大，從愷往田舍。有佃暴死，潘氏之族誣愷殺之，引僕爲證。知縣吴之珽訊僕，考掠累日，僕力陳其冤，遂以夾折其脛，血溢口鼻而死。瀕死，猶胡嚨言「佃實病」。既絶，而目不瞑，聞者哀之。知縣已致僕死，而懼，妄云僕承，遂易其辭以上，獄不決者五年。其後，巡撫劉公參驗僕辭而疑之，讞之，得其實，爲罷知縣官，而抵族人辠，於是獄遂白。愷爲僕置冢，子孫世祀之勿絶。

汪某曰：吾觀於今之僕，而知吏職之不修，與士大夫不得保其門族者焉。吏一命以上，其貪没亡檢者，率自其僕成之。其用事者，威福或過其主，不幸而蹉敗，則盡以其罪委之主，或多發其陰私，承望風旨，搆成其事，以冀免于刑。敗車相望，而後不之戒也。見小利而好近娛，冒於大險以覆其宗，哀哉！吾故于義僕事而樂書，非以爲一人事也。或委質事君，汎然如路人之相值，明知其可憂，而姑倖其不及己，阿諛苟禄，以恣睢於一時者，亦何心哉！

大清故翰林院檢討程君墓表并序

君諱元基，儀徵人，由舉人官元和訓導。成進士，改庶吉士，入翰林，授檢討。憂歸，一歲卒。儀徵商税三：曰河餉，常鎮通道主之；曰梁頭，知縣主之，皆征於舟；曰落地税，課司主之，征於市。征於市者不征於舟，征於舟者不征於市。既久，乃交征之，以厚其入。三税歲額，實不及萬，主者擾之，民力以困。而淮南鹽運江西、湖廣者，歲百三十萬引，至則荆湖魚米竹木紙布之饒，率附其舟以下，苦儀徵税重，乃東輸之鎮江。舟不時至，則鹽屯而日耗；百貨不至，則民生瘠。君既家居，與鹽筴諸商議，使每歲代輸其税，既鹽綱無所滯，而民食其利，則皆許諾。將告於當事者，而君遽卒。君嘗集其鄉人，以修學宫，又與其鄉人爲救火具甚周，故没而人哀之。國初以來，品官居鄉，恒爲民患。其後上之人痛以法繩之，其勢始戢。雖然，鄉士大夫習知其地之利病，又通於官府之事，而齷齪自封，一委諸不習之吏，以示守法，民事所以滋不舉也。古者封國，分以故家世族，使之鎮撫其土，而與爲存亡。若君者，其猶幾此哉。始君在元和，亦能其官。君之葬，有某之文以銘其幽，故其族系、年壽、子女皆不具，而揭其大者，以爲之表。系曰：

猗嗟程君，勇於爲人。如於其身，百世有聞。尚保兹墳，宜爾子孫。

大清故貢生汪君墓誌銘并序

國初以來，學士陋有明之習，潛心大業，通於六藝者數家，故于儒學爲盛。迨乾隆初紀，老師略盡，而處士江慎修崛起於婺源，休寧戴東原繼之，經籍之道復明。始此兩人自奮於末流，常爲鄉俗所怪，又孤介少所合，而地僻陋，無從得書。是時，歙西溪汪君獨禮而致諸其家，飲食供具惟所欲。又斥千金置書，益招好學之士，日夜誦習講貫其中，久者十數年，近者七八年、四五年，業成散去。其後江君没，大興朱學士來視學，遂盡取其書上於朝，又使配食於朱子。戴君遊京師，當世推爲儒宗。後數歲，天子修四庫之書，徵領局事。是時，天下之士益彬彬然嚮於學矣，蓋自二人始也。抑左右而成之者，君信有力焉，而君不幸死矣。然君亦以是自力于學。所著文二百餘篇，咸清暢有法。著《楚詞音義》三卷。又治《毛詩義編》未成。以乾隆三十八年十二月卒，年四十七。明年某月，葬於縣之某原。君諱梧鳳，字在湘。曾祖某。祖某。父某。其先與中同出唐越國公後。子四：煇、灼、炘、照。灼好學，世其家。銘曰：

有巘其鳴，天下文明，其道大光。西溪潏潏，實爲丹穴。我銘載之，表君幽域。

大清故國子監生顧君墓誌銘并序

君名春生，世爲江都人。祖某。父某。君淵静好書，羸秀多病，而善交人。中與君游時年十有四，故中之友，惟君與朱筤最久。乾隆三十六年春，中在府城，會其子周歲，中與筤往造焉。當其時，君父母已傳家事，皆强健善飯。君有一子二女，内足於財，闢所居，樹竹木，置書策琴瑟，與四方之士相樂。而是日天氣清晬，列坐多異材耆德，及暮，而賓主皆醉飽，盡其意。中退與筤歎其不復此也。及中客當塗，閒一歲再至，則君方居父喪，而子女皆夭，病益深，毛髮時畏寒灑淅，悽然慮其不久。及今而過之，則君之喪已在殯。立孫財二歲，衰而呱呱，不能具拜禮，而君之母纍然撫諸哀次。嗚呼！以君一人之身，不數歲而死生榮落，若是其難知也，况其在百年哉！人孰無死，惟君死而生人之事至是而泯然皆盡，尤可悲也。中以平生之誼，將爲之銘，以致其哀，而狀不可得。友人宜興儲潤書以爲言，乃草此以付其家。而其生之年與葬之日月與其地，及它不審者，則俟異日詳焉。銘曰：

昔康以碩，維子之樂，而予是託。倏陵以夷，維予之悲，而子不知。蕭蕭墓草，子宫所考，萬世是保。

袁玉符妻劉氏墓誌銘并序

袁玉符既喪其妻，以狀請銘於中，曰：「吾婦，太學生某某其祖也。處士某某其父也。婦以乾隆三十六年某月没，得年三十有某歲。歸袁氏者十有某年。上孝其姑尊，中宜其夫，下慈其子姓。内敏而外柔，能力以儉。始歸，生數子不育，恐吾父母老而不克抱孫，遂請於姑，而飾侍者以爲箴。洎與妾並舉子，二子皆疾，婦日夜撫抱其妾子加篤。今吾子褏長矣，而婦遽殁，嗚呼，其可哀也！吾將以某月日葬某兆，敢請銘。」中也聞諸公父文伯之母曰：「好外，男死之；好内，女死之。」孝行衰，故其言易私。玉符執父之喪，哀過而至於瘠，痛其父之嗜肉，而誓諸終身不以食。玉符篤於父子之恩，其不牽於私愛以誣其妻，必矣！是其言可信，於法宜銘。銘曰：

升堂煢煢，姑老而若或侍也。入室營營，兒寒而若或視也。夫子之羸，家事無與治也。我銘以章之，哀同穴志也。

大清故奉直大夫掌江西道監察御史江君墓誌銘并序

君諱德量，字量殊，江都人。曾祖瀓，祖世棟，並不仕。父恂，拔貢生，終徽州府知府，以才略稱于時。君生有異稟。徽州故好金石之文，多所搜輯。君幼即世其學，徽州顧而曰：「吾有此子，即此物之在江氏，得更多數十年矣。」君始壯，以進士高第，授編修。踰六年，爲順天鄉試同考官。以父憂歸。服闋，遷江西道監察御史，轉掌道御史。君性渾融，與人交，不見圭角，久近無所忤。然素履簡靖，未嘗求請于人，不妄取予。公餘鍵户，以文籍自娱，以是負清望庶官中。一監順天試。久之，丁母憂解官。君臨事敏絶，人有所咨，立口立斷，洞見始終，後雖百變，莫能外越。幼從徽州在官，熟知吏治。居朝多識舊聞，博通掌故。而深湛謹密，未始以才氣加人。既以久資，當出爲道府，益究心世務，刑獄、河渠、漕運、災振，損益古今之宜，分端講習，以備施用。久于其道者，咸拱手謝不及。乾隆五十有八年，君將補官北行，感疾，十月辛丑殁，年四十有二。嗚呼！以君器識，干涉清塗，而夭年夙隕，嘉猷猛志，湮鬱無傳，門户遽衰，妻孥漂泊，有識者所爲悼生才之難，而爲世用惜也！君取張氏，道州知州元和某女。子會。女二：長適徐某，次字吴。

謹案：是篇先君臨終前一夕作。初，鹽政某禮致先君校勘文宗閣四庫書，既畢，復延往杭州，校勘文瀾閣四庫書。先君于乾隆五十九年十月游杭州，寓梁氏葛嶺園。十一月十九日二鼓，撰此志，未及終篇，閣筆就臥。疾作，自謂中臟，亟呼僕買石菖蒲，不可得。至二十日子時棄養，此篇遂爲絶筆。匆匆十七年，孤露餘生，屏營若失。每一展讀，刺心泣血，哀何可言！嘉慶十五年十月，孤喜孫泣識。

大清誥授通議大夫山東提刑按察使司按察使原品致仕恩加一級沈公行狀

曾祖懷英，明仁和縣學生員。

祖兆乾，皇國子監生，累贈通議大夫、山東按察使司按察使。

考元滄，皇勑授文林郎，文昌縣知縣，累贈通議大夫、山東按察使司按察使。

浙江杭州府仁和縣忠清里沈廷芳，年七十一狀。

公字椒園，本徐姓，世爲仁和人。自公考出嗣于舅氏沈，遂承沈姓。沈故吴興望族。明歲貢生首暘始遷仁和，於公爲六世祖。康熙五十年八月，公生於海寧之園華里。幼端慤有志操，嘗書其坐曰：「守道守身，爲忠爲孝。」又嘗讀明楊忠愍公繼盛傳，激昂慨慕，思其爲人。外祖查少詹事昇歎曰：「是奇童也！即異日立朝，其風節自此見矣。」少長，益潛心正業，博綜群典，學以大殖。弱冠游京師，聲譽籍甚，鉅人耆德，接待若恐不及。安溪李侍郎清植，長洲惠學士士奇，太倉張詹事鵬翀，桐城方侍郎苞，於時並申師友之契。雍正十一年，丁文昌公憂歸。明年，故大學士高文定公時總督南河，聞公名，馳書幣致諸幕府。文定公素習有宋諸儒之學，好賓接士大夫，於公尤有加禮。嘗謂公曰：「君年方少，而博聞篤行，遂至于是，不圖今世乃見古人！」既服闋，再至京師，補《一統志》館校録。

先是，世宗憲皇帝詔舉博學宏詞，公入都既晚，蟄居卻軌，未嘗詣人求舉。乾隆元年，故左都御史楊恪勤公汝穀時以兵部右侍郎祭告南岳，還朝，上命續舉所知，遂以公名及其學行對。十月，御試保和殿，名在二等，選翰林院庶吉士。明年授編修，入直武英殿，同修起居注，總理宗人府各學。三年，充《一統志》纂修官，兼校勘《明史》。明年，殿試充收掌試卷官。公嘗集前世君臣善敗之蹟，爲類各十有六，名曰「鑒古録」，以備法戒。是年冬，表進，賜段四匹，書交懋勤殿。六年，補山東道監察御史。公精敏絶人，諳悉舊典，朝章國故，官方民隱，口陳手畫，本末如流。通於當世之事，而務出於忠厚。

上承世宗勵精之後，益思勤恤民生，周知疾苦，采納直言，慨然思古陽城馬周之選。於時西林鄂文端公、高安朱文端公、海寧陳文勤公、興縣孫文定公、江陰楊文定公，後先繼長朝列，用忠清公正，弼成至治。而公以卑官後進，與相應和。凡所陳奏，尤在於奉宣德意，成樂物生。七年，以淮安、鳳陽、徐、泗諸府州連遭水祲，請于常振之外，盡發常平諸倉存穀，徧爲振卹，並加振直隸、山東、浙江、甘肅之被災者。又以國家設關徵税，蓋以抑逐末之民，且使國用所出，不專取給于農畝而已。然米豆者，百姓所仰食，正使逐地流行，乃以收通工易事之利。況登場之日，既徵其地丁漕糧，以充正供，則關稅宜在可免。奉旨允行。户部議以米豆既免正税，請將載米豆之船，加税船料。公復奏言：「米豆之税免，而載米豆之船料增，是猶二五之與一十也。朝廷如天之仁，所争豈在此！請並米豆之船料除之。」奉旨交九卿議行焉。其後公外轉，有司遂復請税米豆如故，時蓋自許墅關監督始。

其年秋，上幸奉天。公奏言：「邊地風氣早寒，七八月閒，已如冬令。且山川紆阻，跋涉疲勞，乘輿遠駐塞垣，蒐簡軍實，惟冀于閲武之餘，勿事馳騁田獵，敬慎起居，以迓釐福。」又因直省米價加昂，有旨停鄰省采買。公奏：「采買以充積貯，既楚弓楚得，且有成數可稽。惟海洋物産富饒，珠犀羽象之美，掌握兼金；而洲嶼沙石盤互，斥鹵磽确，穀生不蕃，不得不資之内地。商人没於重利，往往冒禁興販。近口之地，民閒倉廩爲之空，珍異日至，民食日少，是棄有用以博無用也。且使無賴之藏海島者，得食以植其黨，爲患方大。」事下部議申禁。又言：「自古建立都邑，既設支輔，又必廣樹藩籬。漢唐都關中，而朔方、河西，常列重兵，其已事也。兹聞三廳、獨石諸邊，盜風少熾。特遣大臣督緝，分察疆理。伏攷老哈河、喀喇河、屯興州河及鄂爾多斯諸處，爲大寧、開平、興和、東勝舊地，今則八旗察哈爾禮部太僕寺考牧之區，外接諸藩，内偪獨石口，此皆膏衍上地，水土甘美。請就其中置屯牧務一所，遣大臣爲總理，擇司員分領其事。度今在京滿洲閒散之丁，不下數萬，誠徙以屯田塞下，予之籽種耕畜，分地種牧，暇則練習擊刺騎射之法，繕完城堡，修飭軍器，數載之後，屹然成重鎮。據長城外險，爲京師後蔽，兼可西護山西，東援遼薊，所謂有備無患者也。」有旨交議政王大臣議奏，卒格不行。時東南連歲米貴，公以采買既停，倉儲尚寡，請將乾隆九年江蘇、安徽、浙江、江西、湖北、湖南六省漕米截留數萬石，視州縣大小、倉庾多寡虚實，以次抵補，爲平糶振濟之用。户部議駁，旋奉特旨施行。

上將幸木蘭會，久雨，水潦氾溢。公言：車駕所及，一事不欲以累民，而有司多取人木簰治道。乞以謁陵禮成，加賚所過地。被旨申飭，部議革職，上命降二級調用。十年，奉旨仍以御史用，補江南道監察御史，奉命巡視山東漕糧。十一年，請建祠祀宋臣謝枋得於憫忠寺。又以長生店、涿州積水泥濘，行旅苦之，請勅行修治，並請加振直隸被水窮民，俱報允。十二年，充順天鄉試同考官，再命巡視山東漕糧。公以山東比歲告饑，雖屢截漕加振，恐民氣未舒，奏於南漕抵山東時，更截留六十萬石。又奉命隨大學士高文定公查辦山東振務，公分理兖、沂、曹、東昌、泰安五府，城市窮鄉，莫不親履，條理精密，吏不能欺。五月閱青苗。七月勘水災。故事，山東巡漕御史，率於六月回道，至是於九月始復命云。

公爲御史前後六年，凡有屬草，輒閉閤齋戒，如對明神。憂勤忠愛之心，發於顔色，溢於毫楮。其言體事達情，曲折盡意。公貌清古秀削，身裁及中人，與人言呴呴然若不能盡。及當事執持，廉直自將，雖賁育無以過。故尚書彭維新復官工部右侍郎，公奏劾罷之，尤爲人所稱道。所上四十餘摺，舉其要者著於篇，其未發科鈔者，世固莫得而知也。轉分巡山東登萊青道布政使司參議。舊時爲吏者，飲食百貨之用，取諸市，予賈恒十之五，謂之官買，賓客僕役，或因爲奸利。公至，勒石爲約，悉革其弊。管内當積荒之後，人士流離，公率其屬醵養廉數千兩，招集逃亡，給本錢，使復其業。數年，户口充實，所墾田皆大孰。置漏澤園，募人收掩四境遺骼。小清河自新城孝婦河以東，經高苑入青州境，屈曲三百餘里，至壽光入海。河道淤狹，夏秋山水暴發，高苑、博興、樂平諸縣，田廬累經漂没。公相水勢，濬馬車瀆口以上某千某百丈；相地勢，增築堤堰，水屬理孫，民以無恐。萊州老儒高鳳起、法坤厚、毛贊，並晦名樂道，不涉世流。公徑造其廬，待以賓師之禮，相與蒐訪舊聞，考訂學業，由是人知所矜式。暇日以一騎入村落，巡行稼穡，問民所苦。即田閒，集父老子弟而教語之。或以村酒果餌進，欣然食之至盡。既久，公所乘白馬，人皆識之，見策白馬度陌者，則喜相告曰：「使君至矣！」故老言先時陳恪勤公鵬年在江寧，陸清獻公隴其在嘉定，固皆如是。國朝百餘年來，得公凡三人而已。遷河南按察使。祥符民有淫人之婦而殺其夫者，既，乃以語婦。婦告其夫之妹，使訟之官。有司引律「因奸致死本夫，婦雖不知情，亦絞」，公曰：「本不與謀，又獄由婦首，是無死法。」巡撫及幕客皆執不可。公披舊牘，歷三夜，得成案，援以定讞，婦竟減等。鹿邑民甲殺人，而賄乙誣服，公察而直其罪。其它平反閲實類此。

十九年十二月，入覲，上以查太淑人年九十，特賜御書曰「壼範遐齡」。明年春，乞終養歸。其秋，太淑人卒。公素不喜佛老説，至是居喪，遂屏浮屠法不用，並廢七七之奠。服闋，補山東按察使。公謂愚民畏法，其犯罪或出於不知，乃舉律文之日習而易犯者，陳列罪名，以爲條教。它所奏變通法令數事，俱見施行。時巡撫方操勤吏職，公雍容儒者，見爲迂緩。又嘗發民治道，公故寢其事，由是滋不説。適公奏請祀故尚書湯文正公斌於孔子廟廡，又論孟子廟配饗事，二十七年，上南巡至山東，以公年老，命以原品致仕。

公起諸生至大官，諫行言聽，膏澤下於民，於公不可爲不遇。然緣公體國之忠，與其憂民立事之心，蓋嘗抱無窮之藴，而惜乎公則衰矣！公之歸，生儒耆老數千人，南送四十里，至崮山驛不去，皆曰：「使君前者去，率不數歲復來；今當以何時至耶？使君壽考無極，它時幸得相見！」公下輿慰之，曰：「荷父老意甚厚。其歸，善教訓子弟，力田孝弟爲良民，奉上法度，何必使者長在此耶？使者亦願父老自今歲有康年，無生災害，與使者共食此福。」皆列拜流涕，日暮乃散。公在官，食不過一肉，三族之待以養者數十家。既歸，貧不能自贍，復以課讀爲業。累爲鰲峯、端溪、樂儀、敬敷四書院山長。嘗謂其門人汪中曰：「吾通籍三十年，有宅一廛，萊田二頃。故既老而終歲教學於外，汝以吾爲得已耶？」中對曰：「古者七十而致仕，大夫爲父師，士爲少師，以教于其鄉。蓋與司徒、樂正之官相爲用。血氣不足以任職事，而道德則可以爲師。然則師者所以息老也。是故君子生而有益於人者，不使其身一日無用於天下。」公頷之。公爲教，善因人之材，使人各盡其長，然後授之以其事，故多所成就。篤念故交，於通門子弟及名臣節士後，尤加重。自初宦迄於老，率如是。

三十年，上南巡，賜公紵絲表裏。三十五年，與祝皇上壽，賜段四匹。公子世煒自雲南主試歸，上召見瀛臺，從容問公年齒精力，於是知上之恩顧深矣。三十六年，與祝皇太后壽，恩加一級。明年二月甲申，考終於京師之椿樹三條衚衕公子禮部主事世煒之邸。

公兩兄俱有學行，與公少共艱苦，後並偃蹇不遇。公奉事之，無不至。從子世燕，官武陟典史，公生死顧恤之。如子有孤蚤殤，爲立嗣守純。伯兄無子，先以仲子世炯爲之後；世炯死無子，復以孫守誠嗣之。治辦方定，而公遂没。公學詩於海寧查編修慎行及編修弟侍讀嗣瑮，學文于方侍郎，並沖融醇懿，稱其德量。有《理學淵源》十卷，《續經義考》四十卷，《鑒古録》十六卷，《文章指南》四卷，《隱拙齋詩集》四十卷，文集二十卷，《盥蒙雜著》四卷。其《十三經注疏正字》八十卷，則嘉善浦鏜同校。

公由庶吉士授編修，兩官監察御史，出爲山東登萊青道參議、河南山東按察使，誥授通議大夫，致仕加一級。娶汪氏，誥封淑人。令德莊儉，白首無違。子世煒，庶吉士，改禮部主客司主事，明達負氣，得公之節。世炯、世炆並先卒。孫守正、守誠、守純、守端。公官在三品，不得請謚於考功，謹具歷官事蹟，上翰林院國史館論撰，伏惟鑒察。乾隆四十年正月某日，門人江都縣附學生員汪中謹狀。

經舊苑弔馬守真文并序

歲在單閼，客居江寧城南，出入經迴光寺，其左有廢圃焉。寒流清泚，秋菘滿田，室廬皆盡。惟古柏半生，風烟掩抑，怪石數峯，支離草際，明南苑妓馬守真故居也。秦淮水逝，迹往名留。其色藝風情，故老遺聞，多能道者。余嘗覽其畫蹟，叢蘭修竹，文弱不勝，秀氣靈襟，紛披楮墨之外，未嘗不愛賞其才，悵吾生之不及見也。夫託身樂籍，少長風塵，人生實難，豈可責之以死。婉孌倚門之笑，綢繆鼓瑟之娱，諒非得已。在昔婕妤悼傷，文姬悲憤，矧茲薄命，抑又下焉。嗟乎！天生此才，在于女子，百年千里，猶不可期，柰何鍾美如斯，而摧辱之至于斯極哉！余單家孤子，寸田尺宅，無以治生，老弱之命，縣于十指。一從操翰，數更府主。俯仰異趣，哀樂由人。如黄祖之腹中，在本初之弦上。静言身世，與斯人其何異！祇以榮期二樂，幸而爲男，差無牀簀之辱耳。江上之歌，憐以同病。秋風鳴鳥，聞者生哀。事有傷心，不嫌非偶。乃爲詞曰：

嗟佳人之信嫮兮，挺妍姿之綽約。羌既被此冶容兮，又工顰與善謔。攘皓腕以抒思兮，乍含豪以緜邈。寄幽怨于子墨兮，想蕙心之盤薄。惟女生而從人兮，固各安乎室家。何斯人之高秀兮，乃蕩墮于女閭。奉君子之光儀兮，誓偕老以没身。何坐席之未温兮，又改服而事人。顧七尺其不自由兮，倏風蕩而波淪。紛啼笑其感人兮，孰知其不出于余心。哆樂舞之婆娑兮，固非微軀之可任。哀吾生之鄙賤兮，又何矜乎才藝也。予奪其不可憑兮，吾又安知夫天意也。人固有不偶兮，將異世同其狼籍。遇秋氣之惻愴兮，撫靈蹤而太息。諒時命其不可爲兮，獨申哀而竟夕。

汪純甫哀詞

君諱介壽，字純甫，與中同出越國公。自君以上遷錢唐，凡三世，故君籍錢唐。爲諸生。某甲官浙江，以君管其書記。始中依代州馮兵備於鄞，兵備遷臺灣，中不能度海，以與某甲僚也，屬中於某甲，既成言矣。他日中造某甲，則辭以事，不得見。於是兵備去已遠，而中留與歸，則皆無所得食，悵然其生之窮也。當是時，武進蔣御史客於甲所，告中曰：「甲之友汪純甫，數以足下才藝學業矜語於某甲，謂其身羈貧可念，且兵備之交不可棄。」是中固生而未嘗識君，亦未有文字之涉、朋舊之游揚也。其後中兩過君之居，拜君之父於堂下，君皆不在。中歸而以書貽之曰：「淮海鄙生，早孤失學，不自意爲君子所采譽。此身猶在，要當立名成業，以報知己。託生本支，俱及壯年，相去七百餘里，必有見期。庶幾相視莫逆，爲子桑、温伯之遇。」君荅書辭旨多同，今檢不得。閒二歲，中數訪君行迹，最後得人問之，則君死矣。吾安知夫終吾身之遂不識君也，悲夫！往觀李習之所賦梁補闕，常太息悲傷其事。雖然，習之以所業求知己，則其譽之也有因；其身既親於補闕之門，則亦有師友講習之樂，足以自慰。然且感其知，而悲其後之不可再若斯也。君施德於其所不相習之人，而終不得一見而死，則中之悲且感，宜何如哉！

先君寫定《述學》内篇目録：一《釋晨曑二文》，二《釋闕》，三《釋三九》上中下，四《明堂通釋》，五《媒氏釋疑》，六《爲人後者爲其曾祖父母祖父母服考》，七《婦人無主荅問》，八《釋冕服之用》，九《玎文正》，十《釋童》，十一《釋連山》，十二《女子子許嫁壻死從死及守志議》，十三《左氏春秋釋疑》，十四《居喪釋服解義》，十五《古玉釋名》，十六《周公居東證》，十七《墨子敘》《後敘》，十八《賈誼新書敘》，十九《石鼓文證》，廿《廣陵曲江證》，廿一《江都縣榜駁義》，廿二《漢鴈足鐙銘釋文》，廿三《江淹墓考》，廿四《故岷洮道馮君妻三李氏不合葬議》，多有與《述學》刻本不合者。《釋冕服之用》《江都縣榜駁義》《漢鴈足鐙銘釋文》《江淹墓考》《故岷洮道馮君妻三李氏不合葬議》五篇，刻本所未録。又先君有手寫文藁目録：一《狐父之盜頌》，二《弔黄祖文》，三《荀卿子徵文》，四《大學平義》，五《越三仁駁董仲舒義》，未作。六《駁齊論義》，未作。七《江都縣榜駁義》，八《漢鴈足鐙銘釋文》，九《孫枝生墓銘》，十《脩禊敘跋尾》，十一《先考靈表》，十二《先妣靈表》，十三《畢尚書母祠銘》，十四《吕氏春秋序》，十五《鐵牛銘》，十六《渦水堤銘》，十七《釋印》，十八《江淹墓辨》，十九《釋冕服之用》，廿《自序》，廿一《哀鹽船文》，廿二《洪君妻蔣氏墓銘》，廿三《瞽瞍説》，廿四《嬪于虞解》，廿五《王基碑跋尾》，廿六《老子考異》，廿七《宋書宗室世系表序》，廿八《鄭贊善銘》，未作。廿九《泰伯廟銘》，三十《越國公廟銘》，未作。今合前五篇，去複重及未作者，爲《補遺》一卷。其目録所不載，有爲劉先生端臨所録、喜孫所搜輯者。倣蔡邕「外文」例，爲《别録》一卷附焉。孤喜孫識。

附録

行狀

王引之

先生名中，字容甫，江都人。少孤，好學，貧不能購書，助書賈鬻書於市，因遍讀經史百家，過目成誦。年二十，應提學試，試《射雁賦》弟一，補附學生，詩古文詞日益進。儀徵鹽船阸於火，焚死無算，先生爲《哀鹽船文》，杭編修世駿序之，以爲驚心動魄，一字千金。由是名大顯。當世通儒如鄭贊善虎文、朱學士筠、盧學士文弨、馮按察廷丞，見先生所撰，咸歎賞，以爲奇才。

年二十九，始顓治經術，與家大人及李進士成裕、劉教諭台拱共討論之。其後謝侍郎墉提學江左，特取先生爲拔貢生，每試别爲一榜，列名諸生前。侍郎嘗謂人曰：「予之先容甫以爵也。若以學，則予於容甫當北面矣。」其見重如此。朱文正公提學浙江，先生往謁，荅述楊州割據之迹，死節之人，作《廣陵對》三千言，博綜古今，天下奇文字也。畢尚書沅總督湖廣，招來文學之士，先生往就之，爲撰《黄鶴樓銘》，歙程孝廉方正瑶田書石，嘉定錢州判坫篆額，時人以爲三絶。先生於六經子史，以及詞章金石之學，罔不綜覽。乃博攷三代典禮，至於文字、訓詁、名物、象數，益以論撰之文，爲《述學》内外篇。又深于《春秋》之學，著《春秋述義》，識議超卓，論者謂唐以下所未有。爲文根柢經史，陶冶漢魏，不沿歐、曾、王、蘇之派，而取則於古，故卓然成一家言。性質直，不飾容止。疾當時所爲陰陽拘忌釋老神怪之説，斥之不遺餘力。而遇一行之美，一文一詩之善，則稱之不置。事母以孝聞，貧無菽水，則賣文以養，左右服勞，不辭煩辱。居喪哀戚過人。其於知友故舊，没後衰落，相存問過於生前，蓋其性之篤厚然也。年五十一，卒於杭州西湖之上。

先生，家大人之所推服也，其學其行，竊聞於趨庭之日久矣。而先生於予所説《尚書》訓詁，極獎厲，以爲可讀父書，則又有知己之感焉。雖不能文，尚欲揚榷而陳之，以告後之君子。嘉慶二十年，歲在乙亥，六月庚申，高郵王引之謹狀。

祭文

盧文弨

維年月日，同學友盧文弨、孫志祖、張燕昌、梁玉繩等，謹以清酌之奠，致祭於拔萃汪君容夫之靈，曰：

吁嗟汪君，無怛而化。驟聞噩耗，舉皆驚詫。日者相招，促坐談笑。曾未浹旬，銷聲埋照。君實不狂，而衆曰狂。皮裹春秋，涇渭分明。彼妄男子，號召群愚。如羶集蟻，如矢叢蛆。世奉尊奢，君實唾棄。海内正人，備載簡記。師門風義，不忘久久。沈椒園、鄭誠齋兩先生。披榛拜墓，遺金卹後。同道爲朋，端臨、劉台拱。懷祖。王念孫。秋史江德量。先祖，金蘭誰補？四庫在胸，爲行祕書。大放厥辭，佩玉瓊琚。文章何師？西京鄴下。汴都臨安，未始嚅炙。不恕古人，指瑕蹈隙。何況今人，焉免勒帛。

梟畏其口，誓欲殺之。終老田間，得與禍辭。名園高枕，山茶雙植。竹閣柏堂，風流允嗣。不死揚州，而死杭州。禪智山光，終焉首丘。吾儕結契，無論舊新。聞名相思，握手情親。臭味本同，膠投漆中。來幸天假，去何悤悤！一去不返，儀觀在目。樽酒具陳，皋某來復。聞君佳兒，嶄然頭角。庶幾他年，父書能讀。魂無不之，邗江之湄。執紼相送，涕下漣洏。嗚呼哀哉！尚饗。

春秋述義

諸侯受國于天子，而盡臣其封内，生殺慶賞，咸莫不專之。故史之所書，内事從君舉。郕太子朱儒來奔，公以諸侯之禮逆之，則史以「郕伯」書之，此邦交從乎君舉也。莊公、子赤、襄公並爲世嫡，其生也，惟莊公書，桓公以太子生之禮舉之，則史以「子同生」書之，此繼體從乎君舉也。公子買戍衛，楚人救衛，不克，公懼于晉，殺子叢以説焉，謂楚人曰：「不卒戍也。」公以「不卒戍」刺之，則史以「不卒戍」書之，此刑人從乎君舉也。文姜、哀姜、聲姜、齊姜、孟子皆夫人也，文姜、哀姜、穆姜皆有罪，而哀姜又齊人所殺也，子氏、聲子、成風、敬嬴、二定姒、齊歸皆妾女也，赴于諸侯，反哭于寢，祔于姑，則曰「夫人某薨」「葬我小君某」，不赴則不稱「夫人」，不反哭則不言「葬小君」，此喪禮從乎君舉也。傳據簡牘，務詳其事；經爲策書，必循其體。明乎此，則經與傳之不合者，可以息其疑矣。至于經所不書，其例非一，而非公命不書，隱元年發其例。雖至改葬先君、鄰國之會葬，亦以公不臨不見，故不書，是知内事之繫乎君也。君舉必書，此之謂也。

魯之《春秋》，策書之法，實本周禮。韓起所見，祝鮀所述，有其徵矣。有即位之禮。《周書・顧命》篇、《國語・周語》。故桓、文、宣、成、襄、昭、定、哀皆書即位；隱不書，攝也；莊不書，文姜出也；閔不書，亂也；僖不書，公出也。使周禮無即位之禮，則《春秋》所書爲無據矣。有君卒于路寢之禮。《喪大記》。故莊、宣、成三公，書「公薨于路寢」，《傳》于成發其例曰：「言道也。」僖薨于小寢，文薨于臺下，襄薨于楚宮，定薨于高寢，《傳》于僖發其例曰：「即安也。」昭薨于乾侯，言失其所也。隱、閔書「公薨」而不言地，明其爲弒也。桓書「公薨于齊」，明其爲戕也。使周禮無君卒于路寢之禮，則《春秋》所書爲無據矣。周公制禮，事爲之制，曲爲之防。伯禽受之，以封于魯，魯之史世守之，以爲《春秋》，莫敢損益焉。故曰「魯猶秉周禮」，又曰「吾今而知周公之德與周之所以王也」。《春秋》本一代之禮，成一國之史，上不可通于夏、商，旁不可施于吴、楚。而後之君子，欲援《春秋》之法，以定列代之史，斯不然矣。問者曰：周禮具在，魯之史據而書之，何待于孔子而後作哉？答曰：譬折獄，雖有刑書，猶求聖哲之上、明察之官、忠信之長、慈惠之師，然後能聽其情，而議其輕重，以徵于書。《春秋》亦猶是也。有君不事，周有常刑，必有董狐，然後能正其惡。周衰，史失其官，而禮經將廢，自孔子修之，而後先王之典存焉。故禮之與《春秋》，相爲權衡也。非周公不能作，非孔子不能修，豈可汎然望諸衰世之史哉！

魯叔仲惠伯之死，荀息之忠也，不書，何也？曰：以諸侯之策書之，則當曰「魯公子遂弒其君惡及其大夫彭生」。《春秋》内諱，書「子卒」而不地。其君既諱，則其臣無所繫。無所繫則不書。忠如彭生，惡如公子翬，皆是也。若曰「公子遂殺叔仲彭生」，則是兩下相殺之詞，無以昭惠伯之忠。故不書者，辭窮也。杜謂史畏襄仲，非也。

《春秋》有通例，有變例。諸侯失地，名，「荆敗蔡師于莘，以蔡侯獻舞歸」是也；而齊人滅譚，「譚子奔莒」，譚子不書名。滅同姓，名，「衛侯燬滅邢」是也；而楚人滅夔，楚人不名。入國曰「滅」，而「虞師、晉師滅下陽」，取邑而曰滅。「宋公入曹，以曹伯陽歸」，滅國而曰「入」。弑君稱君，君無道也。晉靈公、陳靈公、齊莊公無道，而不稱君。襄二十六年澶淵之盟，晉趙武、宋向戌、曹人皆稱人。趙武，卿不會公侯也；向戌，後也；曹，微者也。三稱人同辭，不同義。襄二年「夫人姜氏薨」，襄公嫡母也。四年「夫人姒氏薨」，襄公母也。九年「夫人姜氏薨」，襄公祖母也。而其辭不別。成十年《傳》：「晉景公有疾，立太子州蒲爲君以伐鄭。」《經》書「五月公會晉侯、齊侯、宋公、衛侯、曹伯伐鄭」，此晉侯，厲公也；「丙午，晉侯獳卒」，此景公也。而二「晉侯」同辭，是其義也。

「《儒藏》精華編選刊」選目

經部

周易鄭注
漢魏二十一家易注
周易注
周易正義
周易口義（與《洪範口義》合册）*
温公易説（與《司馬氏書儀》《孝經注解》《家範》合册）
漢上易傳
誠齋先生易傳
易學啓蒙
周易本義
楊氏易傳
易學啓蒙通釋
周易本義附録纂注
周易啓蒙翼傳
周易本義通釋
易經蒙引
周易述
周易述補（江藩）（與李林松《周易述補》合册）
周易述補（李林松）
易漢學
御纂周易折中
周易虞氏義
雕菰樓易學
周易集解纂疏
周易姚氏學
鄭氏古文尚書
洪範口義
書傳（與《書疑》《尚書表注》合册）
書疑
尚書表注
書纂言
尚書全解（全二册）
尚書要義
讀書叢説
書傳大全（全二册）

古文尚書攷（與《九經古義》合册）
尚書集注音疏（全二册）
尚書後案
詩本義
吕氏家塾讀詩記
慈湖詩傳
詩經世本古義（全四册）
毛詩稽古編
毛詩説
毛詩後箋（全二册）
詩毛氏傳疏（全三册）
詩三家義集疏（全三册）
儀禮注疏
儀禮集釋（全二册）
儀禮圖
儀禮鄭註句讀

儀禮章句
儀禮正義
禮記正義
禮記集説（衛湜）
禮記集説（陳澔）（全二册）
禮記集解
禮書
五禮通考
禮經釋例
禮經學
司馬氏書儀
春秋左傳正義
左氏傳説
左氏傳續説
左傳杜解補正
春秋左氏傳賈服注輯述

春秋左氏傳舊注疏證（全四册）
春秋左傳讀（全二册）
公羊義疏
春秋穀梁傳注疏
春秋集傳纂例
春秋權衡（與《七經小傳》合册）
春秋集注
春秋經解
春秋尊王發微（與《孫明復先生小集》合册）
春秋本義
春秋集傳
春秋集傳大全（全三册）
孝經注解
孝經大全
白虎通德論

七經小傳
九經古義
經典釋文
群經平議（全二册）
論語集解（正平版）
論語義疏
論語注疏
論語全解
論語學案
孟子注疏
孟子正義（全二册）
四書集編（全二册）
四書纂疏（全三册）
四書集註大全
四書蒙引（全二册）
四書近指

四書訓義
四書賸言
四書改錯
四書説
爾雅義疏
廣雅疏證（全三册）
説文解字注

史部

逸周書
國語正義（全二册）
貞觀政要
歷代名臣奏議
御選明臣奏議（全二册）
孔子編年
孟子編年

陳文節公年譜
慈湖先生年譜
宋名臣言行録
伊洛淵源録
道命録
考亭淵源録
道南源委
聖學宗傳
元儒考略
四先生年譜
洛學編
儒林宗派
程子年譜
學統
伊洛淵源續録
豫章先賢九家年譜

閩中理學淵源考（全三册）
清儒學案
經義考
文史通義

子部

孔子家語（與《曾子注釋》合册）
曾子注釋
孔叢子
新書
鹽鐵論
新序
説苑
太玄經
龜山先生語録
胡子知言（與《五峰集》合册）

木鐘集
西山先生真文忠公讀書記
性理大全書（全四册）
居業録
思辨録輯要
家範
小學集註
曾文正公家訓
勸學篇
仁學
習學記言序目
日知録集釋（全三册）

集部

蔡中郎集
李文公集

孫明復先生小集
直講李先生文集
歐陽脩全集
伊川擊壤集
元公周先生濂溪集
張載全集
温國文正公文集
公是集（全二册）
游定夫先生集
和靖尹先生文集
豫章羅先生文集
梁溪先生文集
斐然集（全二册）
五峰集
文定集
渭南文集

誠齋集（全四册）
晦庵先生朱文公文集
東萊吕太史集
止齋先生文集
攻媿先生文集
象山先生全集
陳亮集（全二册）
絜齋集
文山先生文集
勉齋先生黄文肅公文集
北溪先生大全文集
西山先生真文忠公文集
鶴山先生大全文集
閑閑老人滏水文集
郝文忠公陵川文集
仁山金先生文集

静修劉先生文集
雲峰胡先生文集
許白雲先生文集
吴文正集（全三册）
道園學古録　道園遺稿
師山先生文集
曹月川先生遺書
康齋先生文集
敬齋集
涇野先生文集（全三册）
重鐫心齋王先生全集
雙江聶先生文集
歐陽南野先生文集
念菴羅先生文集（全二册）
正學堂稿
敬和堂集

涇皋藏稿
馮少墟集
高子遺書
劉蕺山先生集（全二册）
南雷文定
桴亭先生文集
西河文集（全六册）
曝書亭集
三魚堂文集外集
考槃集文録
復初齋文集
述學
揅經室集（全三册）
劉禮部集
籀廎述林
左盦集

出土文獻

郭店楚墓竹簡十二種校釋

上海博物館藏楚竹書十九種校釋(全二册)

秦漢簡帛木牘十種校釋

武威漢簡儀禮校釋

*合册及分册信息僅限已出版文獻。